隧道照明

马　非　吴梦军　谢洪斌　编著

科学出版社
北　京

内 容 简 介

本书系统介绍了隧道照明的基本概念、基础理论和研究历程，对影响隧道照明的光学、材料学、电子学、生理学和心理学等因素进行了详细分析，阐述了不同隧道照明灯具的光学及电气特性、隧道入口加强照明计算方法、隧道中间段灯具配置参数对路面亮度均匀度的影响、计算机技术在隧道照明计算中的应用以及隧道照明的测量方法等，提出了提高隧道照明质量的相关理念和措施。

本书可供交通运输管理部门、隧道建设和隧道运营单位以及灯具制造企业的相关工程技术人员参考，也可作为高等学校隧道工程、建筑等相关专业的教学参考用书。

图书在版编目(CIP)数据

隧道照明/马非，吴梦军，谢洪斌编著. —北京：科学出版社，2018. 8

ISBN 978-7-03-058383-3

Ⅰ. ①隧… Ⅱ. ①马… ②吴… ③谢… Ⅲ. ①隧道-照明
Ⅳ. ①U453.7

中国版本图书馆 CIP 数据核字 (2018) 第 168662 号

责任编辑：朱英彪 赵晓廷／责任校对：张小霞
责任印制：张 伟／封面设计：蓝正设计

科学出版社出版
北京东黄城根北街 16 号
邮政编码：100717
http://www.sciencep.com
北京凌奇印刷有限责任公司印刷
科学出版社发行 各地新华书店经销
*
2018 年 8 月第 一 版 开本：720×1000 B5
2018 年 8 月第一次印刷 印张：9 3/8 彩插：2
字数：185 000

POD定价： 85.00元
（如有印装质量问题，我社负责调换）

前　言

截至 2017 年底，中国的公路隧道总量达 16229 座，总里程为 15285.1km，中国已经成为世界上拥有公路隧道数量最多、里程最长的国家。隧道照明系统对行车的安全性和舒适性有重要的影响，良好的隧道照明环境能够大大降低隧道内发生交通事故的概率，使驾驶者能充满信心地接近、进入和通过隧道。在节能减排的时代背景下，研究如何通过设备和管理手段来发挥隧道照明系统的效能，已经成为当前面临的重要课题。

隧道照明是一门综合性较强的学科，它涉及光学、材料学、电子学、视觉神经生理学和心理学等学科；同时，隧道照明也是一门实践性很强的学科，纵观隧道照明研究的历程，诸多结论在实践中得到了修正。本书总结和吸收了国内外近年来隧道照明研究、设计及运营等方面的最新成果与实践经验，在此基础上加入了作者的研究成果与见解。全书共 8 章，第 1 章阐述光的相关特性以及与隧道照明相关的指标和术语；第 2 章介绍人的视觉特性；第 3 章在总结分析隧道照明视觉任务的基础上回顾隧道照明的研究历程，介绍与隧道照明相关的规范和报告；第 4 章对灯具的特性进行阐述，对不同类型的灯具在光通量、光谱、寿命和色温等方面的特性进行比较分析；第 5 章和第 6 章分别就隧道加强照明和中间段基本照明的需求、亮度确定方法进行阐述；第 7 章和第 8 章分别对隧道照明的计算和测量进行阐述。

本书由招商局重庆交通科研设计院有限公司马非博士、吴梦军博士以及重庆市城市建设发展有限公司谢洪斌高级工程师编著，其中第 1、3、5、6、7 章由马非编写，第 2、4 章由吴梦军编写，第 8 章由谢洪斌、马非编写。

在本书编写过程中，丁浩、张琦、李科、陈建忠、刘鹏、赵清碧、赵卫斌、金海诚、王乾等给予了大力帮助和支持，在此表示感谢。书中借鉴和引用了国内外大量与隧道照明相关的研究成果，在此一并向作者致以诚挚的谢意。

由于作者水平有限，书中难免存在疏漏之处，敬请读者批评指正。

作　者

2018 年 3 月

目　录

第 1 章　光及光学指标

1.1　光

光是能量的一种形式，其本质上是电磁波，任何一个光源都属于电磁波辐射源。电磁波按频率可分为长波、无线电波、微波、红外线、可见光、紫外线、X 射线、伽马射线和宇宙射线，电磁波谱及可见光谱如图 1.1 所示。

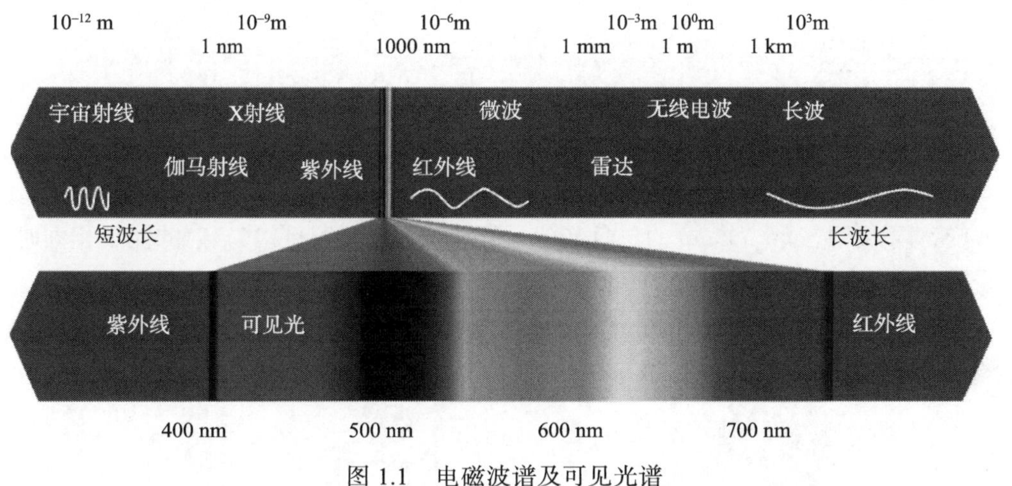

图 1.1　电磁波谱及可见光谱

能对人的视觉产生刺激并能被人眼所感受的电磁波称为可见光，波长范围在 380~780nm，不同波长的可见光具有不同的颜色，在光谱上从右到左的颜色依次为红、橙、黄、绿、蓝、靛、紫。

光具有波粒二象性，在传播过程中主要表现为波动性，在与其他物质相互作用时主要表现为粒子性。

光在同一介质中是沿直线传播的，在真空中的传播速度 $c = 299792458\text{m/s}$，近似为 $3.0\times10^5\text{km/s}$，光在空气中的传播速度略小于真空中的传播速度。光在其他介质中的传播速度均小于真空中的传播速度，其在水中的传播速度约是真空中传播速度的 3/4。

1.2　光度学参数

道路照明和隧道照明涉及辐射度学的内容。辐射度学主要研究电磁波辐射的测试、计量和计算，其在可见光范围内称为光度学。光度学指标是道路照明和隧道照明的基础性指标。

1.2.1　辐射通量

以电磁波形式发射、传输和接收的能量统称为辐射能，用 Q_e 表示；单位时间内通过某特定区域或某立体角的辐射能称为辐射通量，用 Φ_e 表示。辐射能与辐射通量的关系为

$$\Phi_e = \frac{dQ_e}{dt} \tag{1.1}$$

1.2.2　光通量

研究表明，在明视觉状态下，当辐射通量相同时，人眼对不同波长可见光的灵敏度不同，对波长为 555nm 的单色光的灵敏度最高，也就是说当辐射的能量相同时，人眼感觉波长为 555nm 的单色光最亮，其对人眼的刺激程度最大。

人眼对各种波长的平均相对灵敏度，称为光谱光效函数或视见函数 $V(\lambda)$，如图 1.2 所示。

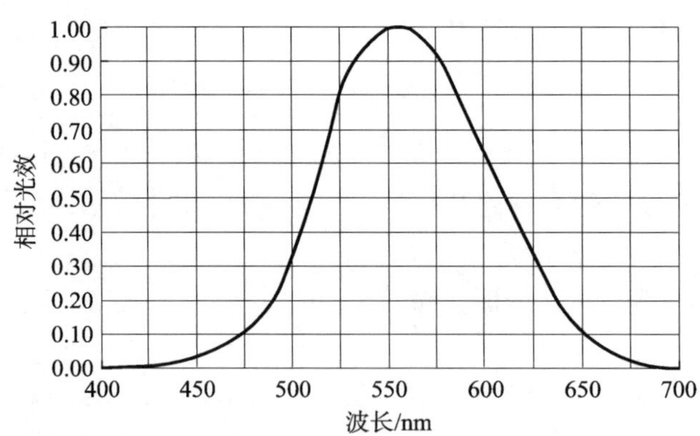

图 1.2　人眼在明视觉状态下的光谱相对光效

光通量是用“标准人眼”来度量的辐射通量，即人眼主观感受到的客观物理量。它等于辐射通量与光谱光效函数 $V(\lambda)$ 的乘积，单位为流明(lm)。当波长为 λ 时，对

于波长范围为 dλ 的单色光，其光通量 dΦ 为

$$\mathrm{d}\Phi = V(\lambda)\mathrm{d}\Phi_{\mathrm{e}}(\lambda)\mathrm{d}\lambda \tag{1.2}$$

对可见光范围 380~780nm 的波长区间进行积分，得到光源(灯具)的总光通量为

$$\Phi = K\int_{380}^{780}\frac{\mathrm{d}\Phi(\lambda)}{\mathrm{d}\lambda}V(\lambda)\mathrm{d}\lambda \tag{1.3}$$

式中，K 为光视效能，即人眼对不同波长光的感知能力，在明视觉状态下，波长为 555nm 时的光敏度最高，达到 683.002lm/W，在暗视觉状态下，波长为 505nm 时的光敏度最高，达到 1700lm/W；λ 为可见光的波长。

需要注意的是，光源的光通量大小与灯具的光通量大小是不同的，光源的光通量只是光源本身的光通量，而灯具的光通量是光源及壳体组成灯具后测得的。由于灯具反射器或者透镜的反射损失，光源的光通量一般大于灯具的光通量。例如，一盏额定功率为 100W 的高压钠灯输出的光通量约为 7000lm,高压钠灯光源本身的光通量约为 11000lm。

1.2.3　辐照度

辐照度表示受照面单位面积上接受的辐射通量，用 E_{e} 表示，表达式为

$$E_{\mathrm{e}} = \frac{\Phi_{\mathrm{e}}}{\mathrm{d}A} \tag{1.4}$$

式中，dA 表示面元。

1.2.4　光强

光源在三维空间内发出的光通量具有不均匀性。因此，采用参数光强 I 来表示光源在不同方向上光通量的分布特征，它表示点光源或面光源上面元 dA 在单位立体角 dΩ 内所辐射的光通量 dΦ，如图 1.3 所示。

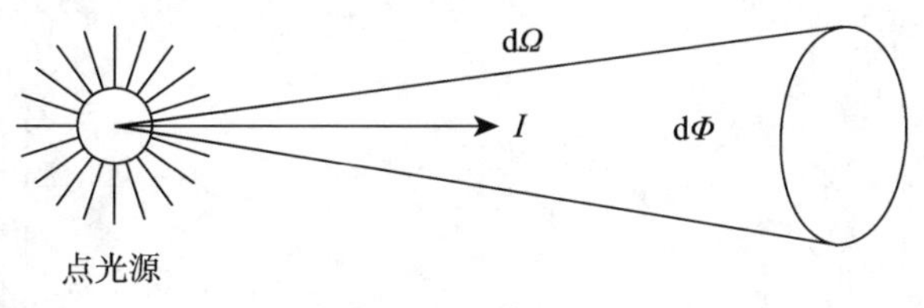

图 1.3　光强

光强 I 的表达式为

$$I = \frac{\mathrm{d}\Phi}{\mathrm{d}\Omega} \tag{1.5}$$

当光强在所有方向的光通量均匀分布时，光强与光通量的关系如下：

$$\Phi = \int I \mathrm{d}\Omega = 4\pi I \tag{1.6}$$

1.2.5　光谱功率分布

人眼视网膜上的锥状感光细胞能将颜色信号传递至大脑，当光的波长为380~480nm时，大脑会感知光是蓝色的，随着波长的增加，颜色变化的顺序依次为绿—黄—橙—红。

一般光源发出的光是由不同波长的单色光复合而成的，因此需要量化光源发出光的颜色特性，先要获得光源的光谱或者波长组成，即光谱功率分布，光谱功率分布描述了在可见光范围内每个特定波长或者频率的辐射功率。采用直角坐标系，以波长或者频率为横坐标，以辐射功率为纵坐标绘制曲线，就可以得到光源的光谱功率分布。光谱功率分布是衡量光源发出光的颜色与能量分布的重要指标，也是计算光的色温和显色性的基础指标。

光谱功率分布在形式上可以表达为绝对光谱功率分布和相对光谱功率分布两种类型。绝对光谱功率分布取辐射功率的绝对值绘制分布曲线，仅针对某一特定的光源而言，通常用 $E(\lambda)$ 表示，如一盏高压钠灯的发光能量的分布情况。相对光谱功率分布是以最大辐射功率值为参考，通过归一化处理后得到分布曲线，表示某一类光源的光谱功率分布特征，通常用 $S(\lambda)$ 表示，它并不局限于某一特定的光源。

在分布形式上，光源的光谱功率分布通常有以下四种典型的情况。

(1) 线状光谱，如低压汞灯的光谱分布，如图 1.4(a) 所示。

(2) 带状光谱，如高压汞灯的光谱分布，如图 1.4(b) 所示。

(3) 连续光谱，如白炽灯的光谱分布，如图 1.4(c) 所示。

(4) 混合光谱，如荧光灯的光谱分布，如图 1.4(d) 所示。

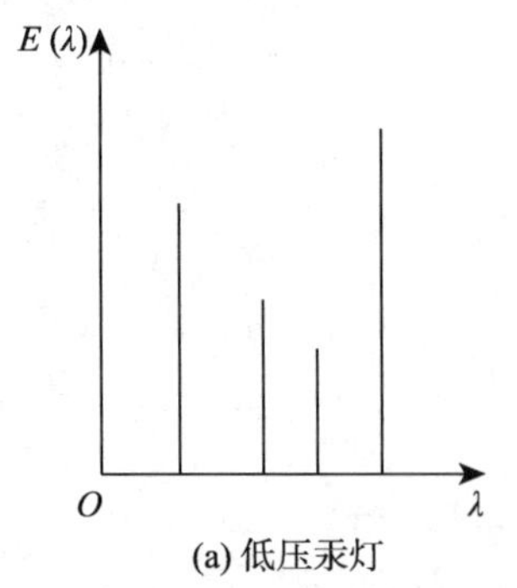

(a) 低压汞灯

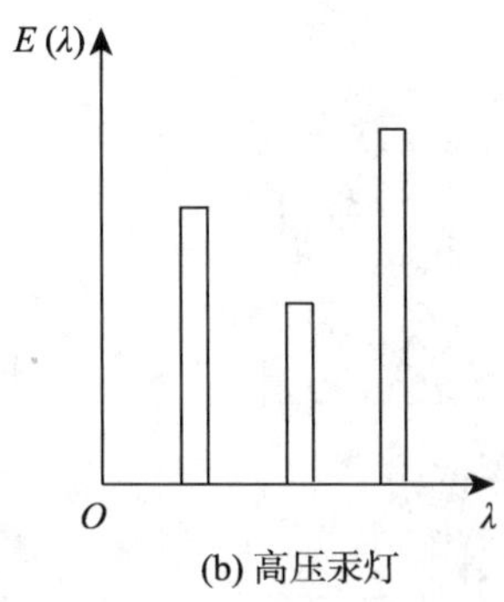

(b) 高压汞灯

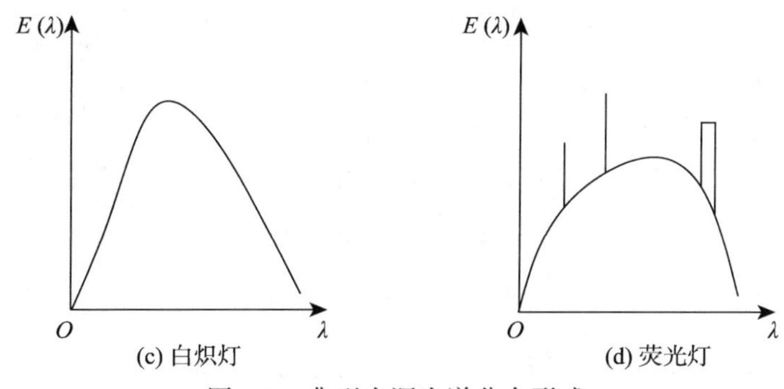

(c) 白炽灯　　(d) 荧光灯

图 1.4　典型光源光谱分布形式

1.2.6　S/P 值

如前所述，在不同的视觉状态下，人眼对光的敏感度是不同的，S/P 值表示采用人眼暗视觉状态下的光谱光效函数 $V'(\lambda)$ 计算的光源光通量与采用人眼明视觉状态下的光谱光效函数 $V(\lambda)$ 计算的光源光通量的比值。作为光源的特性参数，光源的 S/P 值越高，光源在中间视觉和暗视觉中的光效就越高，对暗环境下的照明越有利。传统高压钠灯的 S/P 值较低，一般小于 1；LED 灯具、荧光灯等类型光源的 S/P 值较高，一般情况下等于或者大于 1；蓝光成分较多的 LED 灯具的 S/P 值能达到 2。光源的 S/P 值的计算公式为

$$\mathrm{S/P}=\frac{1700\int_0^{\infty}\frac{\mathrm{d}\Phi(\lambda)}{\mathrm{d}\lambda}V'(\lambda)\mathrm{d}\lambda}{683\int_0^{\infty}\frac{\mathrm{d}\Phi(\lambda)}{\mathrm{d}\lambda}V(\lambda)\mathrm{d}\lambda} \tag{1.7}$$

在隧道的中间段，人眼的视觉处于中间视觉范畴，采用 S/P 值较高的 LED 灯具，在消耗同样电能的条件下，驾驶者能够感知到亮度等级较高的照明，有利于行车安全和节能。

1.2.7　色温

假定某一纯黑物体能够将落在其上的所有热量吸收而没有反射出去，同时又能将热量转换为光，全部以“光”的形式释放出来，当其发射的光的颜色与某个光源所发射的光的颜色相同时，这个黑体加热的温度称为该光源的颜色温度，简称色温，通常用热力学温度(K)表示。色温是表示光源光谱质量最通用的指标。

白炽灯的辐射光谱与黑体比较接近，色品坐标点基本处于黑体轨迹上；而白炽灯以外的其他光源，如 LED 灯具等，其光谱分布与黑体相差较远，相对光谱功率分布所决定的色品坐标不一定准确地落在色品图的黑体温度轨迹上，只能用光源与黑体轨迹最近的颜色来确定该光源的色温，称为相关色温(correlated color temperature, CCT)。计算相关色温的方法有内插法、三角垂足插值法、黑体轨迹法、模拟黑体轨迹弧线法和近似公式法等。

色温对人的主观感受有很大影响，在色温较低的光环境下人有“温暖”的感觉，心理上很放松，注意力不高；在色温较高的光环境下人有“冷”的感觉，注意力较高，能够使人保持清醒、镇定。

1.2.8　显色性

由于光源的光谱分布存在差异，在照射物体后，物体呈现的颜色会有所差异，这种差异在色度学上称为显色性差异，通过显色指数(color rendering index)量化这种差异，表示物体在人造光源照射下的显色状态和该物体在日光照射下的显色状态之间的接近程度。

1965 年国际照明委员会(英语为 International Commission on Illumination, 法语为 Commission Internationale de L'Eclairage, 采用法语缩写为 CIE)发布了评价光源显色性的方法体系，并在 1974 年进行了修订，目前广泛使用的版本为 CIE 13.3—1995。当光源的色温不同时，光源显色性评价参照的标准光源是不一样的，在 CIE 13.3—1995 标准中定义了两种连续光谱的标准照明体作为参考光源，即普朗克辐射体和标准照明 D(组合日光)，分别用于小于 5000K 的低色温测试光源和大于 5000K 的高色温测试光源。

显色指数通常用 R 表示，其中 R_i 表示特殊显色指数，R_a 表示一般显色指数。计算两个指数前要选择相应的检验色样，图 1.5 所示为 15 种标准色样。

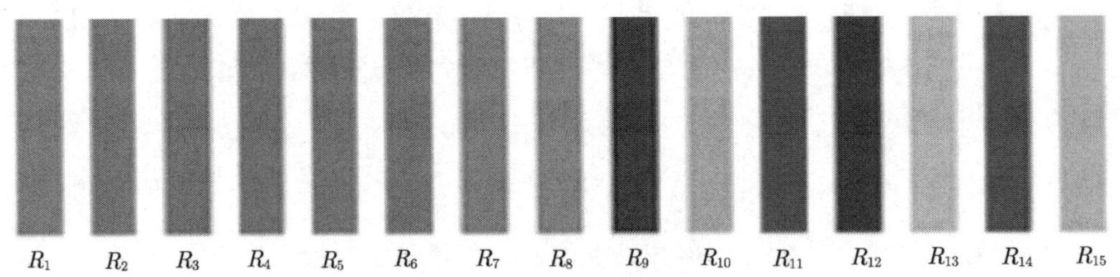

图 1.5　15 种标准色样

特殊显色指数 $R_i(i=1, 2, 3, \cdots)$的计算公式如下：

$$R_i = 100 - 4.6\Delta E_i \tag{1.8}$$

式中，ΔE_i 为在待测光源和参考光源照射下第 i 个检验色样的色差。

一般显色指数 R_a 由 8 个特殊显示指数取算术平均值取得，其计算公式如下：

$$R_a = \frac{1}{8}\sum_{j=1}^{8} R_j \tag{1.9}$$

1.3　道路照明质量参数

1.3.1　照度

照度表示光源投射到物体表面单位面积上的光通量，单位为勒克斯(lx)，其表达式为

$$E = \frac{\mathrm{d}\Phi}{\mathrm{d}A} \tag{1.10}$$

当入射角度不垂直于入射面时，照度的大小遵循朗伯余弦定律，即物体表面的照度大小等于光通量除以面积和入射角余弦的乘积，如图 1.6 所示。

照度因所在平面或者曲面不同分为水平照度、垂直照度、柱面照度和半柱面照度。照度是客观、可精确测量的物理量，与观察者的观察方向和位置无关，通常作为道路照明质量评价标准之一。

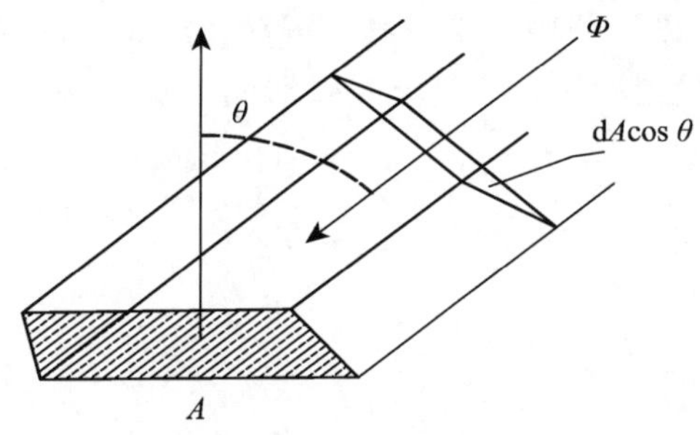

图 1.6　朗伯余弦定律

1.3.2　亮度

亮度是表示人眼感受物体表面反射光强弱的物理量，也表示从物体表面反射出的在特定方向上单位立体角内的光通量，单位为坎德拉/平方米(cd/m^2)。物体表面的亮度主要与以下三个因素相关。

(1) 投射在物体表面的光通量。

(2) 物体表面的反射率。

(3) 观察方向或者角度。

图 1.7 为亮度定义示意图。在物体表面 S 上取一个面积足够小的面元 dA，观察

者的观察方向与物体表面 S 法线 n 的夹角为 θ，$\mathrm{d}\Omega$ 为观察方向上的单位实体角，$\mathrm{d}I$ 为面元 $\mathrm{d}A$ 接收到的入射光光强，则物体亮度可表达为

$$L=\frac{\mathrm{d}I}{\cos\theta\mathrm{d}A}=\frac{\mathrm{d}^2\Phi}{\mathrm{d}A\mathrm{d}\Omega\cos\theta} \tag{1.11}$$

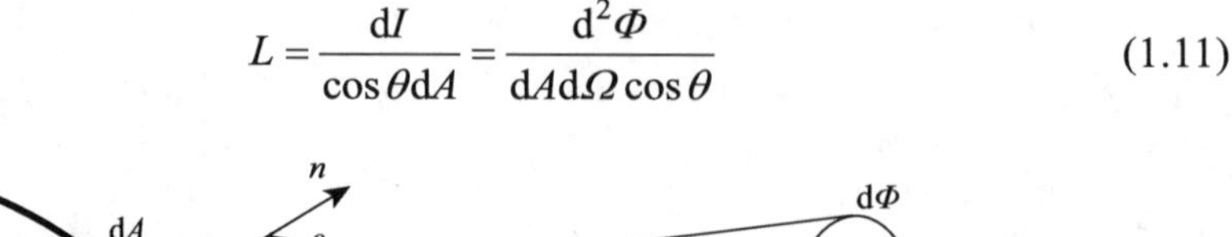

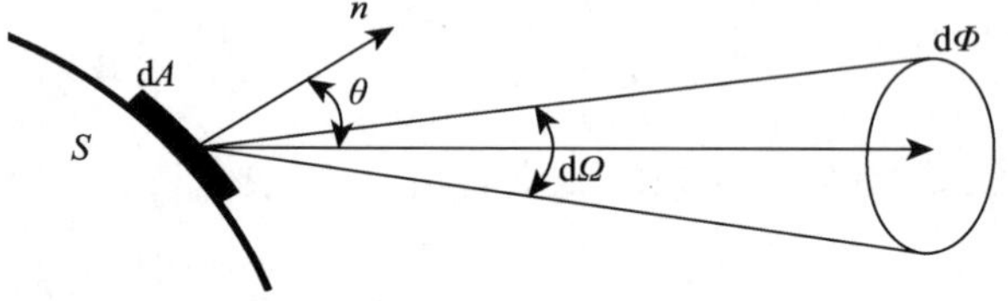

图 1.7　亮度定义示意图

亮度和照度都可以作为隧道照明质量的评价指标，但是亮度和照度有本质的不同。亮度与照度的关系如图 1.8 所示，路面上 A 点和 B 点的照度相同，当路面的镜面反射特性较强时，B 点的亮度要低于 A 点的亮度。照度与观察者的位置、观察方向无关，一般用于室内观察者的位置和观察角度经常变化的场所的照明质量评价，如办公区、体育场和生产车间等。亮度大小与灯具的光强分布、观察面的反射率、观察者的位置和方向相关。在道路驾驶中，驾驶者的视线夹角与前方路面的角度基本固定，一般为 0.5°~2°，路面亮度的高低取决于经路面反射后的光线进入驾驶者眼睛的多少，因此亮度指标更适合用于隧道照明质量的评价。

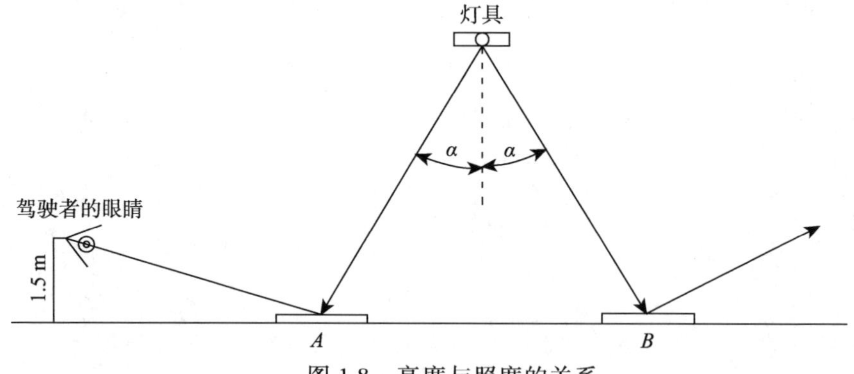

图 1.8　亮度与照度的关系

1.3.3　对比度

目标物能否被看见或者是否看得清晰、明确，不仅与观察者的视力条件相关，还与目标物本身的物理条件和环境相关。目标物与背景之间必须在亮度和颜色上与所在的背景有一定的差别，物体才能被人眼觉察到，即物体与背景之间必须有一定的对比度。在亮度上对比度的表达式为

$$C=\frac{L_o-L_b}{L_b} \tag{1.12}$$

式中，C 为亮度对比度；L_o 为物体亮度；L_b 为背景亮度。

当视角和背景亮度一定时，对比度越大，人眼发现和识别目标物的时间就越短，识别的可能性越高。当目标物的亮度低于其背景亮度时，对比度为负值，人眼看到的只是目标物的轮廓；当目标物的亮度高于其背景亮度时，对比度为正值，人能够看到目标物的细节，如图 1.9 所示。

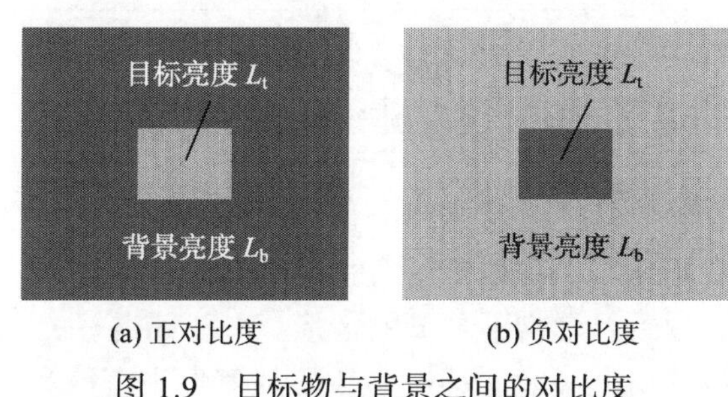

(a) 正对比度　(b) 负对比度

图 1.9　目标物与背景之间的对比度

在明视觉和中间视觉状态下，目标物与背景之间的颜色存在差异能够增加目标物的可见性。在灰度模式下，目标物与背景的灰度值均为 80，如果目标物没有白色边框，人眼觉察不到目标物的存在；在 RGB 模式下，红色背景的 RGB 成分为(254, 5, 9)，绿色目标物的 RGB 成分为(13,127,13)，两者的灰度值相同，但是人眼可以很容易觉察到目标物的存在，如图 1.10 所示。

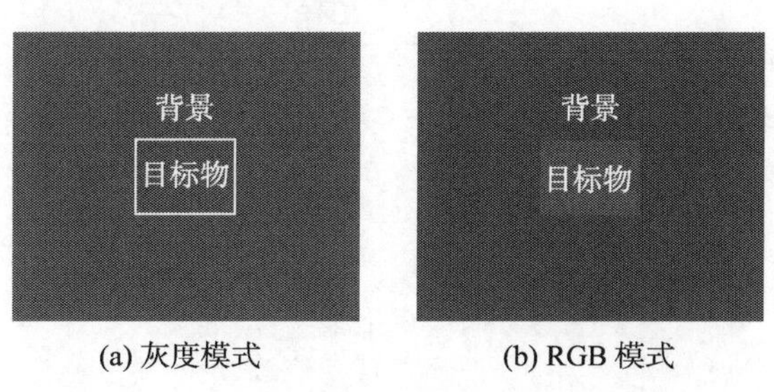

(a) 灰度模式　(b) RGB 模式

图 1.10　目标物和背景颜色对视觉的影响

人眼能够觉察到的目标物与背景之间最小的对比度称为阈值对比度。影响阈值对比度的因素有背景亮度等级、眩光程度、视角大小、观察时间长短和观察者的年龄等。当目标物的识别可能性为 50% 时人眼的阈值对比度如图 1.11 所示，从中可以看出，阈值对比度随着背景亮度的增加和目标物视角的增大而降低。

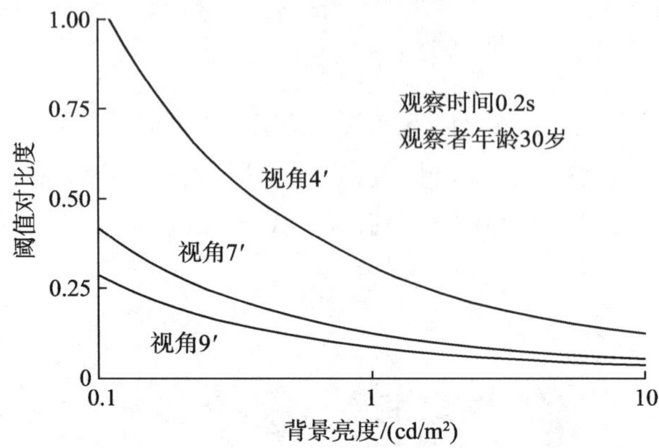

图 1.11　背景亮度、目标物尺寸大小与阈值对比度的关系

与实验室情景不同的是，道路照明中目标物的出现时间和空间位置是随机的，同时驾驶者还需要观察道路上其他车辆的情况，在实际的道路照明中采用实验室获得的阈值对比度可能导致目标物不可见的情形。为获得良好的可见度，需要引入一个场地参数，根据以往研究经验，场地参数的数值大小应该为 3~5。

实验室获得的阈值对比度大都采用正值，即目标物的亮度大于背景的亮度，但在实际道路照明中，目标物或者障碍物的对比度一般是负的，即目标物的亮度低于路面的亮度。当对比度的绝对值相等时，具有负对比度的目标物比具有正对比度的目标物更容易被驾驶者发现，因此这里引入对比度调整参数 F_{cp}，其计算公式如下：

$$F_{cp} = 1 - \frac{d\alpha^{-e}}{2.4 C_{th} L_b} \tag{1.13}$$

式中，α 为目标物的视角；d、e 为与背景亮度相关的参数。

图 1.12 为对比度调整参数 F_{cp} 与目标大小及背景亮度的关系。当目标物的尺寸

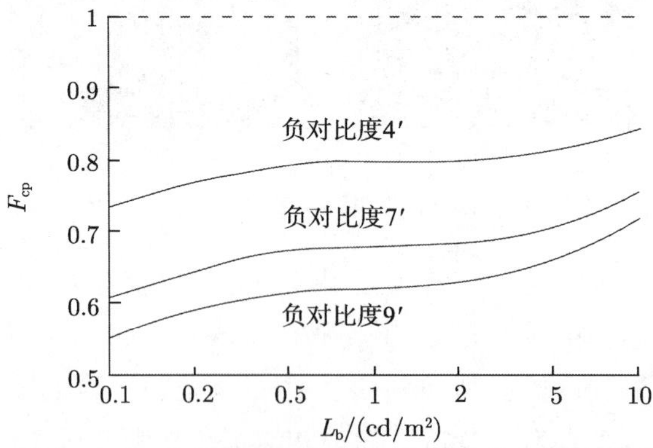

图 1.12　对比度调整参数与阈值对比度的关系

大小一定时，负对比度情况下的阈值对比度比正对比度情况下的阈值对比度低。

1.3.4　可见度

1946 年 Blackwell 提出采用真实对比度与阈值对比度的比值大小来衡量目标物的可见度，国际照明委员会在 1972 年的 19 号技术报告中引入了这一概念。可见度在形式上只与对比度相关，但实际上它是视角、背景亮度和对比度三个参数的函数。可见度的计算公式为

$$\mathrm{VL}=\frac{C}{C_{\mathrm{th}}}=\frac{\left(L_{\mathrm{t}}-L_{\mathrm{b}}\right)/L_{\mathrm{b}}}{\left(L_{\mathrm{th}}-L_{\mathrm{b}}\right)/L_{\mathrm{b}}}=\frac{\Delta L}{\Delta L_{\mathrm{th}}} \tag{1.14}$$

式中，C 为实际的对比度；C_{th} 为阈值对比度；L_{t} 为目标物的亮度；L_{b} 为路面背景的亮度；ΔL 为目标物与背景的亮度差；ΔL_{th} 为目标物与背景的阈值亮度差。

在 ΔL_{th} 的确定方面，测试者的年龄为 23 岁，具有正常的视力，注视时间为 0.2s。可见度没有量纲，它仅表示实际的对比度高出阈值对比度的多少。可见度等于 1，表明目标物的可视性恰好与实验室条件下的可见度相等。与亮度和照度两个指标相比，可见度更适合用于评估道路照明系统的好坏，因为它更直接地体现了驾驶者的视觉表现。

1.3.5　光幕亮度

光幕亮度是失能眩光的重要影响因素之一。光幕亮度的大小表征叠加到人的视网膜上的白色光幕程度，它是由射入到人眼零散的光线造成的(2°视角以外的光线)。在光幕亮度的计算模型中，观察者眼睛的高度和视线方向与路面平均亮度 L_{avg} 的计算模型是一致的。

光幕亮度的计算公式为

$$L_{\mathrm{v}}=K\sum_{i=1}^{n}\frac{E_{\theta_i}}{\theta^m} \tag{1.15}$$

式中，K 为常数，当角度以弧度为单位时 K=0.03，当角度以度为单位时 K=10；E_{θ_i} 为第 i 个灯具在观察中眼睛所在平面上的垂直照度；θ 为观察者视线与灯具光线入射方向之间的夹角，当 $\theta<2°$时，$m=2.3-0.7\lg\theta$，当 $\theta\geqslant 2°$时，$m=2\lg\theta$。

1.3.6　小目标可见度

路面上每个点的可见度仅对单点的路面反射率有效，路面上不同点的反射率因观察方向、光线分布和路面反射率而异，可见度在不同的位置可能完全不同，这就导致只采用可见度指标难以对照明系统的质量进行整体评价。因此，采用可见度对

照明系统进行总体评价将难以实施。研究者针对这一问题提出了很多建议，Adrian 于 1989 年提出了小目标可见度(small target visibility, STV)指标模型。

在两盏相邻的灯具之间布设网格点，每个车道上的网格点数量为 20，如图 1.13 所示。目标物的尺寸为 18cm × 18cm，垂直于路面，表面法线与行车方向平行。假定目标物表面是理想的朗伯体反射面，反射率为 0.5，观察时间为 0.2s。观察者与目标物之间的距离为 83.07m，观察者的年龄为 60 岁，眼睛高度为 1.45m，目标物的观察视角为 7.45′。

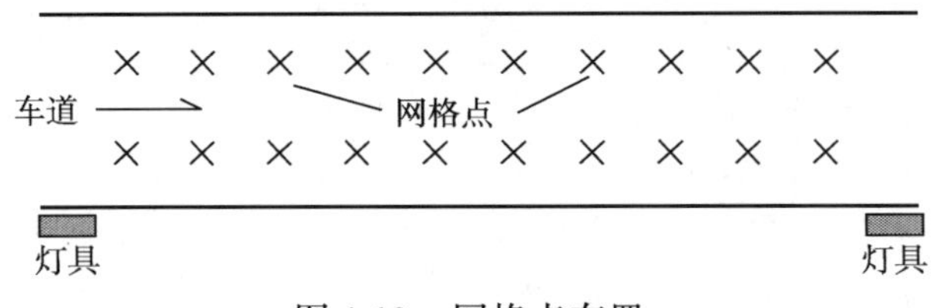

图 1.13　网格点布置

小目标可见度的假设条件如下。

(1) 路面是水平的。

(2) 道路表面是同质的。

(3) 道路表面平整、干燥，表面反射特性可以用标准路面类型 C1、C2、R1、R2、R3、R4 等进行描述，其中 C1、C2 为混凝土路面，R1~R4 为沥青混凝土路面。

(4) 只考虑照明灯具的直射光线，不考虑车道和道路以外的光线。

对于道路照明系统，小目标可见度值是一段道路网格上所有点的目标物可见度的加权平均值。计算小目标可见度值的步骤如下。

(1) 计算目标物的亮度 L_t、光幕亮度 L_v 和背景亮度 L_b。

(2) 确定适应亮度 L_a、LL_a 及目标物的视角 A。

(3) 确定视觉系统的灵敏度。

(4) 计算参数 B、C、AA、AL 的值。

(5) 计算参数 M 的值和负对比度调整参数 F_{cp}。

(6) 计算 DL2 的值。

(7) 计算调整参数 FA。

(8) 计算调整参数 DL3。

(9) 计算可见度等级 VL。

(10) 计算相对权重可见度等级。

1.3.7　眩光

按照国际照明委员会的定义，眩光是一种视觉条件，这种条件的形成是因为视野中的亮度分布不适当，或视野内亮度变化的幅度太大，或在空间、时间上存在极端的亮度对比，引起观察者不舒适或降低观察目标物的能力，或同时产生这两种现象。

眩光分为不舒适眩光和失能眩光两种，下面分别介绍如下。

1. 不舒服眩光

不舒适眩光是指引起观察者视觉上不舒适感的眩光，是由眩光源的散射光线射入人眼而导致的不舒适性引起的，主要取决于进入眼睛的光线数量，光源的亮度对它影响不大，这种眩光对人眼的视觉能力并不造成实质上的影响。

通常认为，对一个单独的光源来说，不舒适眩光的产生主要取决于以下 4 个主要参数。

(1) 光源在观察者眼睛方向上的亮度 L_s。

(2) 光源在观察者眼睛方向上的立体角 ω_s。

(3) 光源对于观察者视线的角偏移 θ。

(4) 观察者的眼睛现场适应亮度 L_f。

2. 失能眩光

失能眩光是指使观察者的视觉观察能力降低的眩光，而光源的亮度是失能眩光的主要影响因素。失能眩光效应是由于在眼睛里杂散光产生的等效光幕 L_{seq} 叠加到垂直映像上，从而减小了目标物的对比度，降低了目标物的可见度。

等效光幕 L_{seq} 的计算公式有 Holladay、Stiles/Crawford、Fry、Adrian、Hartman、Meskov、Vos 等，这些公式的基本部分都是相同的，即

$$L_{seq} = \frac{kE_{gl}}{\theta^n} \tag{1.16}$$

式中，k 为年龄参数，$k = 9.05\left[1+\left(\frac{A}{66.4}\right)^4\right]$，当年龄 A 为 25 时，k=9.2；E_{gl} 为眩光源在人眼处的照度；θ 为眩光源与视线的夹角；n 为与眩光 θ 角相关的参数，当 $0.2° < \theta \leqslant 2°$ 时，$n=2.3-0.07\times\log\theta$，当 $\theta > 2°$ 时，n=2。

失能眩光的发生机理是光幕亮度降低了目标物的可见度，当不存在眩光源时，目标物的对比度为

$$C = \frac{L_o - L_b}{L_b} \tag{1.17}$$

当存在眩光源时，目标物的对比度变化为

$$C' = \frac{(L_o + L_{seq}) - (L_b + L_{seq})}{L_b + L_{seq}} = \frac{L_o - L_b}{L_b + L_{seq}} \tag{1.18}$$

与没有眩光源时的对比度公式相比，两者的分子相同，C' 的分母增加了 L_{seq}，因此 $C'<C$，光幕亮度的存在降低了目标物的对比度。

失能眩光也具有时间效应，如果人们长时间暴露在高亮光源下，眼睛也会非常不适，则会影响人眼的视觉能力。

眩光作为一个十分重要的照明质量评价指标，在室内照明和室外照明中有着很广泛的应用，具有代表性的指标有国际照明委员会的统一眩光指数(unified glare rating, UGR)和眩光指数(glare rating, GR)、英国的眩光指数(glare index, GI)、美国的视觉舒适概率(visual comfort probability, VCP)、德国的眩光限制系统(亮度限制曲线)和北欧的眩光指数方法等。多年来，在公路照明领域主要使用阈值增量 TI 作为照明系统的质量评价指标。

阈值增量 TI 表示失能眩光的程度，该参数是一客观指标，可以通过测量其他照明指标计算得出，其计算公式如下：

$$\mathrm{TI} = \frac{kE_e}{L_{avg}^{0.8}\theta^2} = 641\left[1+\left(\frac{A}{66.4}\right)^4\right]\frac{E_e}{L_{avg}^{0.8}\theta^2} \tag{1.19}$$

式中，A 为驾驶者的年龄；E_e 为由新安装的灯具在垂直于驾驶者视线的平面内产生的照度值，其由纵向 500m 范围内的所有灯具所产生；L_{avg} 为路面的初始安装亮度平均值；θ 为驾驶者视线与每盏灯具中心的角度。

从交通安全的角度来看，失能眩光所产生的负面影响要远大于不舒适眩光所产生的影响，它是造成交通事故隐患的主要光学因素之一。

1.3.8 频闪

隧道的照明灯具沿纵向等间距地安装在隧道顶部或者两侧，在行车过程中，灯具的发光面在驾驶者视野边缘周期性地出现和消失，对驾驶者的视觉造成干扰，降低了驾驶者对路面和周边环境的视认能力，这种现象称为频闪效应。频闪效应的影响程度取决于以下方面。

(1) 单位时间内出现在人眼视野中的频闪光源数量，即闪烁频率。

(2) 驾驶者经历频闪的总的时间长度。

(3) 在一个频闪周期内亮度最大值与最小值的差值及两者的变化速率。

行车速度和纵向布灯间距确定后，可以计算闪烁频率。室内实验测试表明，当频率低于 2.5Hz 或者高于 15Hz 时，不会对驾驶者的视觉造成干扰，频闪效应可以忽略；当频率为 4~11Hz，且经历的时间大于 20s 时，视觉干扰最为严重。闪烁频率与行车速度、布灯间距相关，三者的关系如图 1.14 所示。若经历时间超过 20s，隧道照明设计时应避免闪烁频率在 4~11Hz。

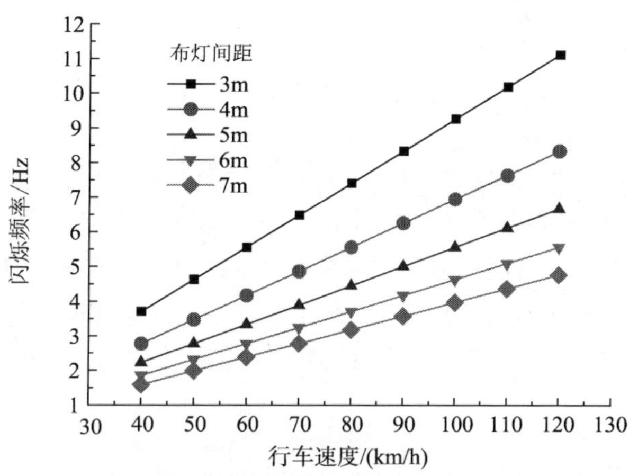

图 1.14　闪烁频率与行车速度、布灯间距的关系

1.4　灯具及光源参数

1.4.1　光效

光效(luminous efficacy)是光源所发出的总光通量与光源所消耗的电功率之比，表征光源将电能转化为光能的能力，单位是流明/瓦(lm/W)。它是衡量一种光源或者灯具是否节能的关键指标，其表达式为

$$\eta = \frac{\Phi}{P} \tag{1.20}$$

式中，Φ 为光源的光通量；P 为光源的功率。

在隧道照明中需要区别整灯系统光效和光源光效的概念，因为仅从光源的光效层面来看很难分辨出灯具是否节能，所以需要从整个灯具系统的光效层面来衡量。LED 灯具的光源光效为 110~130lm/W，整灯系统光效约为 100lm/W；额定功率为 100W 的高压钠灯的光源光效为 100~120lm/W，整灯系统光效约为 60lm/W，因此市面上 LED 灯具的系统光效远高于高压钠灯的系统光效，这也是 LED 灯具节能的原因之一。

1.4.2 灯具光输出比

灯具光输出比(light output ratio，LOR)是衡量灯具性能的重要指标，它是灯具的总光通量与采用光源的光通量之比。光输出比越大，说明灯具的光学结构越合理，在同样的照明质量下灯具消耗的电能越少，其表达式为

$$\eta = \frac{\Phi_{\text{luninaire}}}{\Phi_{\text{lamp}}} \tag{1.21}$$

气体放电灯的光源一般是全辐射、非定向光源，光线向空间各个方向辐射，如图 1.15(a) 所示，灯具内部需要配置反光器以改变部分光线的照射方向，反射光在数次反射后其强度会不同程度地损失，因此气体放电灯的光输出比较低，一般在 0.6 以下。LED 灯具是定向光源，如图 1.15(b) 所示，光源发出的光经过透镜调整后直接投向照射面，不存在反射损失，因此它的光输出比较高，一般在 0.9 以上。

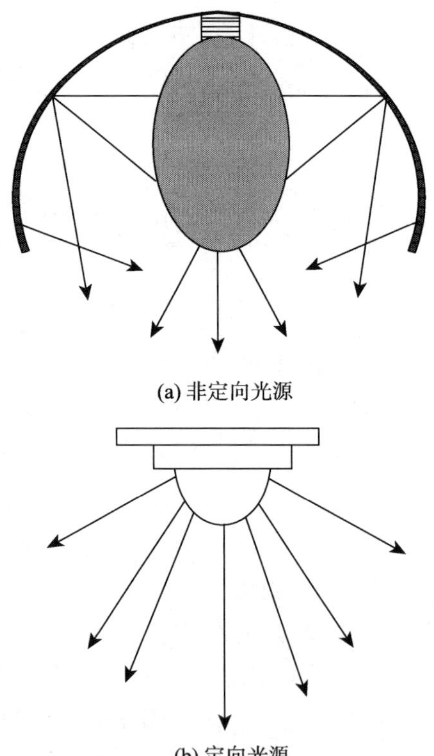

(a) 非定向光源

(b) 定向光源

图 1.15　非定向光源与定向光源

灯具的光输出比对灯具的整灯光效有着重要的影响。目前商用 LED 灯具的光

源光效和高压钠灯的光源光效在数值上相当，商用 LED 灯具的光源光效在未来 5~10 年会超过高压钠灯的光源光效，但由于光输出比的差异，同样是功率 100W 的灯具，LED 灯具的整灯光效一般在 120lm/W 以上，而高压钠灯的整灯光效一般在 70lm/W 左右。

1.5　光在物体表面的反射特性

1.5.1　镜面反射和漫反射

光在物体表面一般有三种反射类型，即镜面反射、漫反射和混合反射。

1. 镜面反射

在镜面反射中，光线不发生散射，反射光线只朝一个方向，入射角与反射角相等，但光线传播方向相反，特别潮湿或者有水膜的路面的反射类型可以近似认为是镜面反射，如图 1.16 所示。

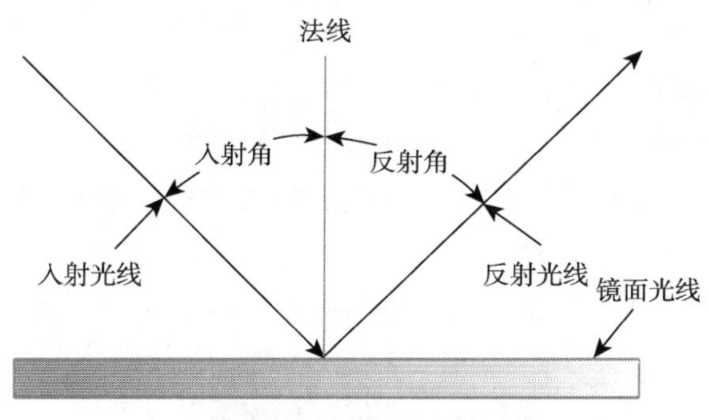

图 1.16　镜面反射示意

2. 漫反射

当光投射到粗糙的表面时，反射光会向多个方向反射，这种反射类型称为漫反射。理想漫反射是漫反射的一种情况，反射光在各个方向上的强度相等，雪地和电影屏幕的反射特性接近于理想漫反射，如图 1.17 所示。

理想漫反射的反射光强度遵守朗伯余弦定律，即

$$I_{\mathrm{d}} = K_{\mathrm{d}} I_{\mathrm{p}} \cos\theta \tag{1.22}$$

式中，K_{d} 为与材料相关的漫反射系数；I_{d} 为理想漫反射光的强度，与方向无关；I_{p} 为入射光的强度；θ 为入射光向量与点 d 所在表面法线的夹角，范围为$(0, \pi/2)$。

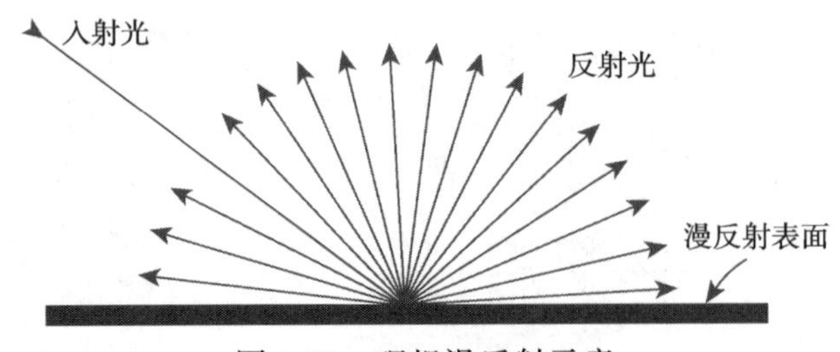

图 1.17　理想漫反射示意

3. 混合反射

现实中，大多数物体表面的反射特性是镜面反射和漫反射的组合，反射光中既包含镜面反射成分也包含漫反射成分。

当光线投射至物体表面时，部分光被反射，部分光被透射，其余的光被吸收。物体表面的反射率用 R 表示，透射率用 T 表示，吸收率用 A 表示。这些参数的定义均基于光通量参数。物体表面的反射率计算公式如下：

$$R=\frac{\Phi_{\mathrm{R}}}{\Phi_{\mathrm{total}}} \tag{1.23}$$

式中，Φ_{R} 为物体表面反射出的光通量；Φ_{total} 为入射光的总光通量。

可以采用反射率测试仪直接测定物体表面的反射率，也可以采用亮度计、照度计和标准白板测量相关照度与亮度，间接计算物体表面的反射率，在被测表面上一般选取 3~5 个测点，取这些测点的平均值作为最终测试结果。

当采用亮度计和标准白板测量物体表面的反射率时，将标准白板放置在物体表面，首先测量白板的亮度，然后移去白板，保持亮度计的位置和角度不变，再用亮度计读出被测表面的亮度，则物体表面的反射率表达式为

$$\rho_{\mathrm{t}}=\frac{L_{\mathrm{t}}}{L_{\mathrm{r}}}\rho_{\mathrm{r}} \tag{1.24}$$

式中，ρ_{t} 为被测表面的反射率；ρ_{r} 为标准白板的反射率，为已知量；L_{t} 为被测表面的亮度；L_{r} 为标准白板的亮度。

需要注意的是，非理想反射表面的反射率与测量角度、照明条件相关，因此，在测试报告中必须注明亮度计的测量角度和照明条件。

对于理想反射表面，其亮度与照度的关系为

$$L=\frac{E}{\pi} \tag{1.25}$$

实际上，物体表面总要吸收一部分光能并转化为热能，因此物体表面的反射系数总小于 1，称这样的表面为类似理想反射表面，其反射率用 ρ 表示。类似理想反

射表面亮度与照度的关系可以写为

$$L = \frac{\rho}{\pi} E \tag{1.26}$$

1.5.2　路面反射特性

路面上一个面元的亮度系数是视野中给定方向上的亮度与照度的商，单位为 $cd/(m^2 \cdot lx)$，用 q 表示。当光源一定时，路面亮度系数与路面材料、相对位置和观察者等因素相关，如图 1.18 所示，图中 γ 为入射光线与测量点所在面元法线的夹角，β 为入射光线所在竖直面与人眼视线所在竖直面之间的方位角，α 为人眼的观察方向与水平面的夹角。

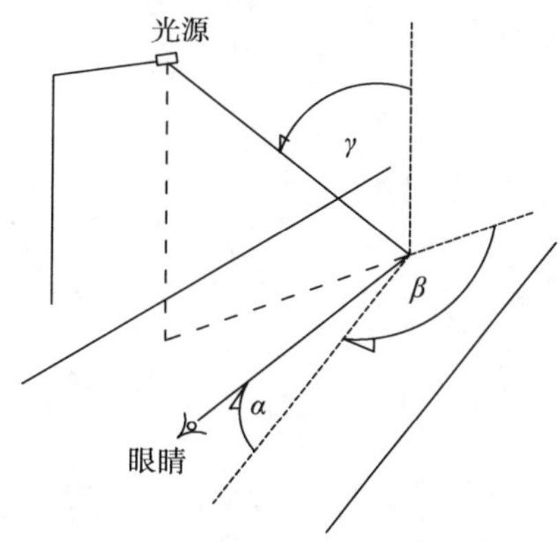

图 1.18　路面亮度系数与光源、观察者的位置关系

路面的反射类型为混合反射。镜面反射部分是由路面材质中光滑的表面引起的。当 β 值接近于 0 时，随着入射角 γ 的增加，亮度系数 q 值的增加较为显著：当入射角 γ 较大时，亮度系数 q 值也较大，镜面反射部分占主导地位；当入射角 γ 较小时，漫反射部分占主导地位，此时亮度系数 q 值的变化幅度很小，基本上为一个定值。

对车辆驾驶来说，驾驶者的观察角 α 的范围为 0.5°~2.0°。在这个范围内，根据相关研究可知 q 值的变化不显著。传统上的测量角度 α=1.0°。

特定路面的亮度系数用 R-table 进行表示，它采用参数 β 和 $\tan\gamma$ 制表，其标准如图 1.19 所示，大多数道路照明计算程序都采用了这种制表格式。表中的值 $r=10000\,q\cos^3\gamma$。由于测量路面 R-table 所需投入的费用较高，测量耗费的时间也较长，测量设备的体积庞大，相关研究被严格限制，目前收集到的路面 R-table 均是 20 世纪 60~70 年代的测试数据，并不能完全反映目前的道路反射特性。

tan γ	β/(°)																			
	0	2	5	10	15	20	25	30	35	40	45	60	75	90	105	120	135	150	165	180
0	474	474	474	474	474	474	474	474	474	474	474	474	474	474	474	474	474	474	474	474
0.25	472	471	471	470	470	468	466	464	463	459	456	450	443	439	435	434	434	435	436	436
0.5	427	426	426	423	418	413	408	399	390	382	375	359	347	343	341	344	348	352	353	356
0.75	374	372	370	361	349	336	322	309	297	285	275	255	245	244	245	253	256	262	265	268
1	326	323	319	303	284	263	243	227	213	202	193	177	170	170	174	180	186	192	196	199
1.25	284	281	275	251	224	198	176	161	149	139	132	121	117	119	123	129	135	141	145	147
1.5	249	246	235	203	172	146	127	113	104	97	92	84	83	85	89	94	99	105	108	110
1.75	219	216	201	162	129	106	91	81	73	68	64	60	59	62	65	70	74	79	82	84
2	194	190	171	129	97	78	65	57	53	49	46	44	44	46	49	53	57	61	64	65
2.5	157	150	124	82	57	44	37	32	30	28	27	26	26	28	30	33	37	40	42	43
3	130	120	90	52	35	26	22	19	18	17	17	16	17	18	20	22	24	27	28	29
3.5	110	98	65	34	22	16	14	13	12	11	11	11	11	12	14	16	18	19	21	21
4	94	80	48	23	15	11	9	9	8	8	8	8	8	9	10	12	13	15	16	16
4.5	80	65	36	17	10	8	7	6	6	6	6	6	6	7	8	9	10	11	12	13
5	70	55	28	12	8	6	5	5	4	4	4	4	5	5	6	7	8	9	10	10
5.5	61	46	22	9	6	4	4	4	3	3										
6	54	39	18	7	5	4	3	3	3											
6.5	48	34	14	6	4	3	2	2												
7	43	30	12	5	3	2	2	2												
7.5	39	27	10	4	2	2	2													
8	36	23	9	3	2	2	1													
8.5	33	21	7	3	2	1	1													
9	30	18	6	2	1	1														
9.5	28	17	5	2	1	1														
10	26	16	5	2	1	1														
10.5	25	14	4	1	1	0														
11	23	13	4	1	1	0														
11.5	22	12	3	1	1															
12	21	12	3	1	1															

图 1.19　标准 R-table 格式

目前主要用 Q_d-s1 系统来描述路面的特征，可采用 Q_d 来描述路面的明亮度，它是给定方向上一个区域内亮度与照度的商，其计算公式为

$$Q_d = \frac{1}{\pi}\int q\cos\gamma \mathrm{d}\omega \tag{1.27}$$

或者采用平均亮度系数 Q_0 来描述明亮度，其计算公式为

$$Q_0 = \frac{1}{\Omega}\int_{\Omega} q\mathrm{d}\omega \tag{1.28}$$

式中，Ω 为测试区域所覆盖的立交角。

描述路面明亮度的两个参数 Q_d 和 Q_0 在意义上具有相关性，均是平均亮度系数。在实践上，Q_d 的测量相对简单，可以采用积分法直接测量得到；而由于漫反射照明条件较高，Q_0 的测量难度较大。

用 s1 来描述路面的光泽度，其计算公式为

$$\mathrm{s1} = \frac{r(\tan\gamma = 2, \beta = 0^\circ)}{r(\tan\gamma = 0, \beta = 0^\circ)} \tag{1.29}$$

路面的评价亮度 L_{avg} 可以表达为

$$L_{avg} = QE_{avg} \tag{1.30}$$

式中，Q 为路面平均亮度系数；E_{avg} 为路面平均照度。

当镜面照明的程度较低时，路面平均亮度系数 Q 接近于 Q_d，其大小与 s1 的值无关。当镜面照明的程度较高时，路面平均亮度系数 Q 逼近或者大于 Q_0。为了获得较高的路面平均亮度，大多数国家的道路照明的镜面照明程度都较高，镜面照明程度的高低与光源的光束角度相关。

路面类型的分类主要依据镜面系数 s1，一类路面采用一个标准的 R-table 来表示。对于干燥的天气状况，大多数国家将路面分为三个类型，分别为 C 系列、R 系列和 N 系列，具体如表 1.1 所示。

表 1.1　路面类型分类

名称	s1 的取值范围	特征值			
		s1	Q_d	Q_0	Q_0/Q_d
C1	s1＜0.40	0.24	0.090	0.100	1.11
C2	s1≥0.40	0.97	0.054	0.070	1.30
R1	s1＜0.42	0.25	0.087	0.100	1.15
R2	0.42≤s1＜0.85	0.58	0.057	0.070	1.23
R3	0.85≤s1＜1.35	1.11	0.050	0.070	1.40
R4	s1≥1.35	1.55	0.052	0.080	1.54
N1	s1＜0.28	0.18	0.092	0.100	1.09
N2	0.28≤s1＜0.60	0.41	0.061	0.070	1.15
N3	0.60≤s1＜1.30	0.88	0.054	0.070	1.30
N4	s1≥1.30	1.61	0.054	0.080	1.48

参考文献

国家标准化管理委员会. 2008. GB/T 5700—2008　照明测量方法[S]. 北京：中国标准出版社.

国家质量监督检验检疫总局. 2003. GB/T 5702—2003　光源显色性评价方法[S]. 北京：中国标准出版社.

杨勇. 2015. 公路隧道照明光源对疲劳度的影响[J]. 照明工程学报, 26(6): 76-79.

Adrian W. 1989. Visibility of targets: Model for calculation[J]. Lighting Research and Technology, 21(4): 181-188.

Blackwell H R. 1946. Contrast threshold of the human eye[J]. Journal of the Optical Society of America, 36(11): 624-643.

Boyce P R. 2008. Lighting for Driving: Roads, Vehicles, Signs and Signals[M]. New York: Chemical Rubber Company Press.

Bremond R, Bodard V, Dumont E, et al. 2013. Target visibility level and detection distance on a driving simulator[J]. Lighting Research and Technology, 45(1): 76-89.

CIE. 1995. CIE 13.3—1995　Method of Measuring and Specifying Color Rendering Properties of Light Sources[S]. Vienna: International Commission on Illumination.

CIE. 1998. CIE 130—1998　Practical Methods for the Measurement of Reflectance and Transmittance[S]. Vienna: International Commission on Illumination.

CIE. 2000. CIE 140—2000 Road Lighting Calculations[S]. Vienna: International Commission on Illumination.

CIE. 2001. CIE 144—2001 Road Surface and Road Marking Reflection Characteristics[S]. Vienna: International Commission on Illumination.

CIE. 2010. CIE 189—2010 Calculation of Tunnel Lighting Quality Criteria[S]. Vienna: International Commission on Illumination.

Clark J O E. 2009. 物理探索 4: 光[M]. 张方伟, 程寒波, 译. 济南: 山东教育出版社.

Cuttle C. 1971. Lighting patterns and the flow of light[J]. Lighting Research and Technology, 3(3): 171-189.

Cuttle C. 2008. Lighting by Design[M]. 2nd ed. Oxford: Architectural Press.

de Boer J B, Schreuder D A. 1967. Glare as a criterion for quality in street lighting[J]. Journal of the Illuminating Engineering Society, 32(2): 117-135.

DiLaura D L, Houser K W, Mistrick R G, et al. 2011. Lighting Handbook[M]. 10th ed. New York: Illuminating Engineering Society of North America.

Haubner P, Bodmann H W, Marsden A M. 1980. A unified relationship between brightness and luminance[J]. Siemens Forschung-und Entwicklungs Berichte, 9(6): 315-318.

Holladay L L. 1926. The fundamentals of glare and visibility[J]. Journal of the Optical Society of America, 12(4): 271-319.

Mayeur A, Bremond R, Bastien J M C. 2010. The effect of the driving activity on target detection as a function of the visibility level: Implications for road lighting[J]. Transportation Research Part F: Traffic Psychology and Behaviour, 13(2): 115-128.

Peter G F. 2006. Light and Light Sources[M]. Berlin: Springer-Verlag.

Presle G, Horvath H. 1979. The influence of the color of visibility targets on the visibility[J]. Pure and Applied Geophysics, 117(5): 913-926.

Rea M S. 2000. Illuminating Engineering Society Lighting Handbook: Reference and Application[M]. 9th ed. New York: Illuminating Engineering Society of North America.

Schreuder D. 2008. Outdoor Lighting: Physics, Vision and Perception[M]. New York: Springer Science + Business Media.

Stiles W S. 1929. The effect of glare on the brightness difference threshold[J]. Proceedings of Royal Society B, 104(731): 322-355.

Westheimer G. 1979. The spatial sense of the eye[J]. Investigative Ophthalmology and Visual Science, 18(9): 893-912.

第 2 章　人的视觉特性

2.1　人眼的生理结构

人的眼球呈球状，直径为 22~24mm。人的视觉系统由折光成像系统和感光系统组成，折光成像系统的原理类似于照相机，主要由瞳孔、晶状体和玻璃体构成；感光系统主要由视网膜和视神经构成。人眼的基本结构如图 2.1 所示。来自外界的光线经过折射后成像在视网膜上，视网膜上的感光细胞将视觉信息(即光信号)转换为电信号，经由双极细胞和神经节细胞传送至大脑，从而形成视觉。

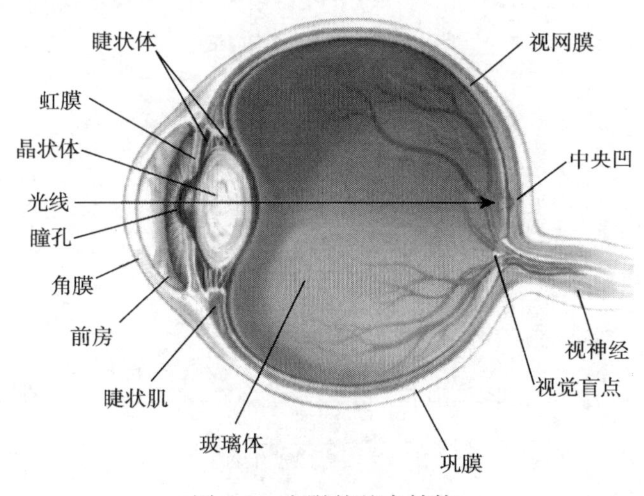

图 2.1　人眼的基本结构

虹膜中间的瞳孔相当于照相机的快门，其直径大小通过睫状肌进行调节，从而控制进入眼球内部的光通量。

视网膜正对瞳孔的部位称为中央凹，是视网膜上对光线最敏感的部位。视网膜上与大脑相连的视神经穿过的区域没有感光细胞，称为视觉盲点。

视网膜上主要包含两种感光细胞，分别是锥状细胞(cone)和杆状细胞(rod)，如图 2.2 所示，两种细胞都含有不同的感光色素。

感光细胞在视网膜上的分布具有空间不均匀性，如图 2.3 所示。锥状细胞绝大部分分布于中央凹的中心区域，在视网膜周边分布较少。锥状细胞根据对颜色的敏感度不同划分为红、绿、蓝三种，对应的光谱光效峰值分别为 564nm(黄—绿)、533nm(绿)、437nm(蓝—紫)，在完整的视网膜中，红、绿视锥的数量较多且两者的数量相当，而蓝色视锥的数量较少。锥状细胞对光的敏感性较差，只有在类似白天的高亮度等级条件下才能发挥作用。因含有多种感光色素，锥状细胞对于颜色敏感，具有感应颜色的能力，对物体表面的细节和轮廓边界都能看得很清楚，精确度较高。

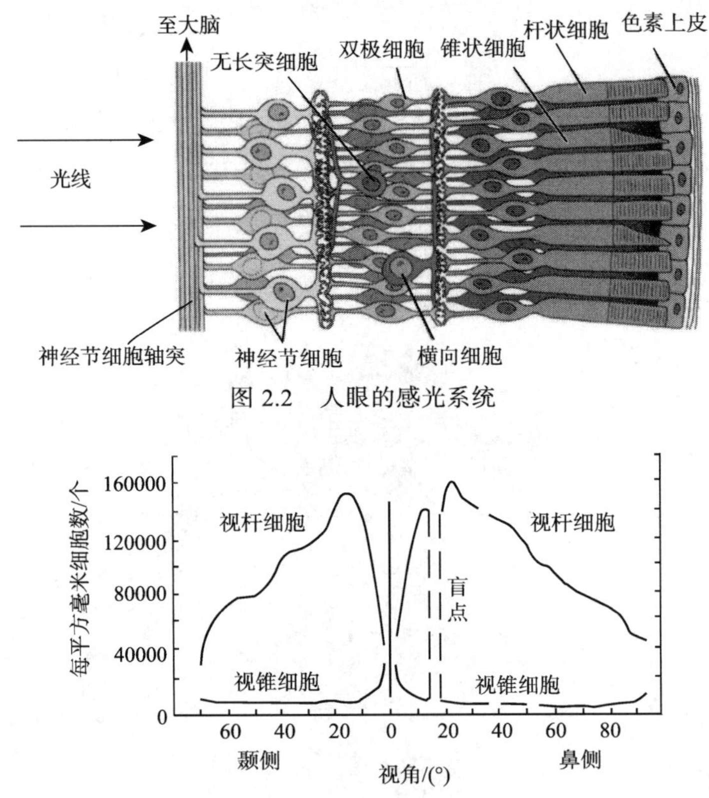

图 2.2　人眼的感光系统

图 2.3　感光细胞在视网膜上的分布

杆状细胞分布于中央凹以外的区域，在数量上远大于锥状细胞。杆状细胞能在昏暗的环境中感受光刺激而引起视觉，主要在低亮度等级下起作用。杆状细胞中仅含有一种视紫红质，无色觉而只能区别明暗，观察物体时只能看到较粗略的轮廓，精确性差。

20 世纪 90 年代，研究者发现了第三种感光细胞，即光敏视网膜神经节细胞(pRGC)，该类型细胞内含有黑色素。与锥状细胞和杆状细胞相比，pRGC 响应缓慢，对视觉没有帮助，但参与人体生物钟的调节。研究者正针对这种感光细胞在亮度适应的控制、瞳孔的约束和人体昼夜规律等方面开展很多研究，相关成果在道路照明方面尚未得到应用。

2.2　人眼的视觉特性

2.2.1　视觉适应特性及视觉状态

人的眼睛能够感应到非常明亮和非常黑暗的亮度环境，最暗至最亮的亮度可以跨越 9 个数量级。人眼对亮度的敏感度可以通过确定绝对亮度阈值来衡量，即产生视觉感受所需的测试点的最小亮度。在一个黑暗的房间中设置测试点，在测试过程中不断增加测试点的亮度，直到测试者报告测试点的存在，此刻的亮度就是绝对阈值亮度。

当视野内的亮度发生突然变化时，人眼的视觉敏感度会降低，甚至完全看不到任何东西，要经历一段时间之后才能将视觉敏感度恢复到与变化后的亮度等级相对应的级别，这一过程称为亮度适应。视觉适应通过两个机制来完成，一是调节瞳孔的大小，从而控制进入眼球内部的光的数量；二是视网膜感光细胞和视神经的调整。视觉适应的速度和程度取决于亮度变化的幅度与模式。视野内亮度变化的幅度越大，需要的适应时间越长，反之亦然。

人眼对光的敏感度在暗处逐渐提高的过程称为暗适应，暗适应所需要的时间较长，一般需要几分钟至几十分钟。在暗适应的开始阶段，人眼看不清任何东西，经过一段时间后，视觉敏感度才逐渐恢复。暗适应在时间上分为两个不同的阶段，第一阶段主要与视锥细胞色素的合成量增加相关，但视觉敏感度的恢复有限；第二阶段是暗适应的主要组成部分，杆状细胞进行视紫红质的再合成，致使视紫红质大量增加，通过视紫红质的积累获得光感，逐步提升视觉敏感度。图 2.4 所示为人眼的暗适应过程曲线。

人眼感受视野范围的亮度由暗变亮的过程称为亮适应，这个过程需要的适应时间较短，一般在几秒至一分钟内完成。在亮适应过程中，首先是杆状细胞在暗处合成大量的视紫红质，在大量光线的照射下，视紫红质迅速分解成视蛋白和视黄醛，视黄醛再转换为维生素 A，在这个过程中产生刺眼的光感，之后对光不太敏感的锥状细胞开始恢复视觉功能，锥状细胞中的感光色素恢复速度很快，因此亮适应的时间较短。

根据人眼视野亮度等级的不同，视觉状态分为以下三种。

1. 明视觉

当适应亮度大于或者等于 3cd/m^2 时，主要是锥状细胞起作用，视觉敏感度较高，能够觉察到对象的细节和对象的颜色。

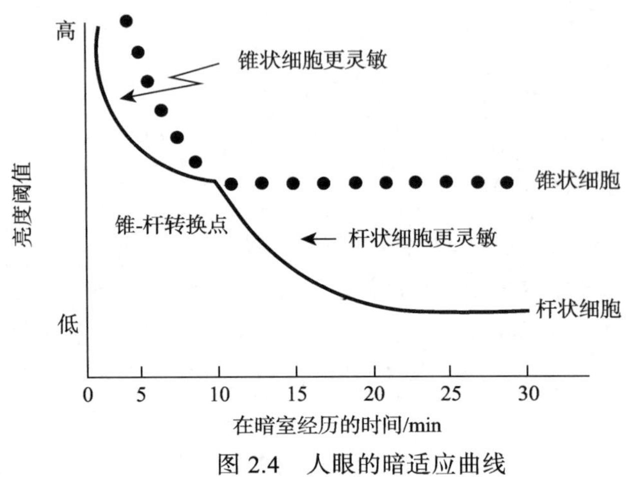

图 2.4　人眼的暗适应曲线

2. 暗视觉

当适应亮度小于或等于 0.001cd/m^2 时，主要是杆状细胞起作用，眼睛只能觉察到对象的轮廓，而不能识别对象的颜色。

3. 中间视觉

当适应亮度在 0.001~3cd/m^2 时，锥状细胞和杆状细胞同时起作用，并伴随着两种感光细胞的作用转换。在这种适应状态下，若亮度较低，主要是杆状细胞起作用，此时人眼对蓝色更敏感；若亮度较高，主要是锥状细胞起作用，此时人眼对红色更敏感。

2.2.2　人眼的光谱灵敏度

在不同的视觉状态下，人眼对光谱的敏感度是不同的。在适应亮度发生从明适应向暗适应转换的过程中，人眼的光谱灵敏度是逐渐变化的，整个光谱灵敏度曲线向短波方向移动，光谱光效的峰值也相应地从 555nm 变化为 507nm，两个峰值对应的光谱光效分别为 683lm/W 和 1700lm/W，这种现象称为浦肯野(Purkinje)效应，如图 2.5 所示。

另外，在明视觉状态下，红、绿、蓝三种锥状细胞最敏感的波长也不同，它们最敏感的光波长分别为 564nm、533nm、437nm，如图 2.6 所示。因此，在明视觉状态下人眼对波长分布在 564nm 和 533nm 附近的红绿色光源比较敏感，如高压钠灯发出的光，而对于光色偏蓝的光源敏感性较低，如色温较高的金卤灯发出的光。

在中间视觉状态下，杆状细胞的最敏感波长为 498nm，对含有大量蓝绿成分的 LED 灯具的敏感度较高。

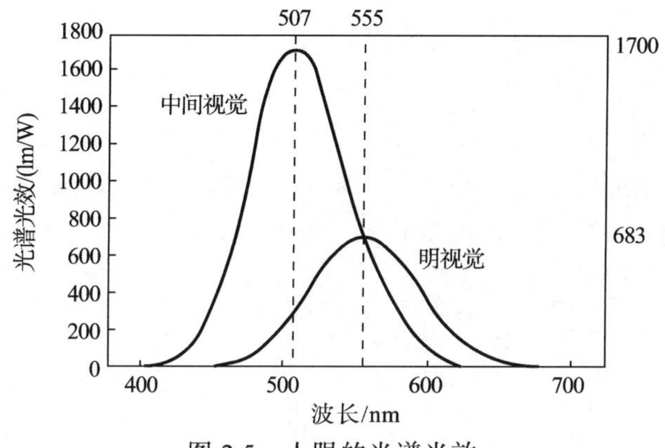

图 2.5　人眼的光谱光效

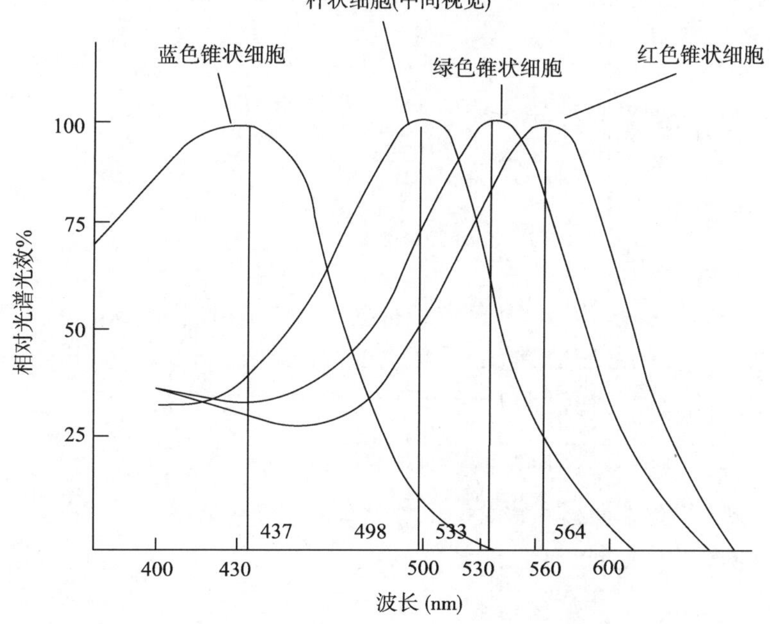

图 2.6　不同感光细胞的相对光谱光效

2.2.3　人眼的亮度阈值差

19 世纪德国生理学家韦伯发现，只有当重量、响度、亮度等外界刺激量与原有刺激量相比达到一定的比例时人才能产生感觉差别，即刺激差阈值与原理刺激之间

存在一个固定的比例关系(Weber's Law)，其数学表达式为

$$\frac{\Delta I}{I}=K \tag{2.1}$$

式中，ΔI 为刺激的变化量；I 为原有的刺激量；K 为韦伯常数。

研究发现，对于人的视觉系统，韦伯常数并非一个定值，而是随着亮度等级的变化而变化，如图 2.7 所示。可以得出，人眼对于亮度的感觉与亮度的绝对值并不是线性关系。在不同的视觉状态下，人眼对于亮度变化的敏感度也有显著的区别，随着亮度的增加，人眼对于亮度变化的感觉越来越缓慢。

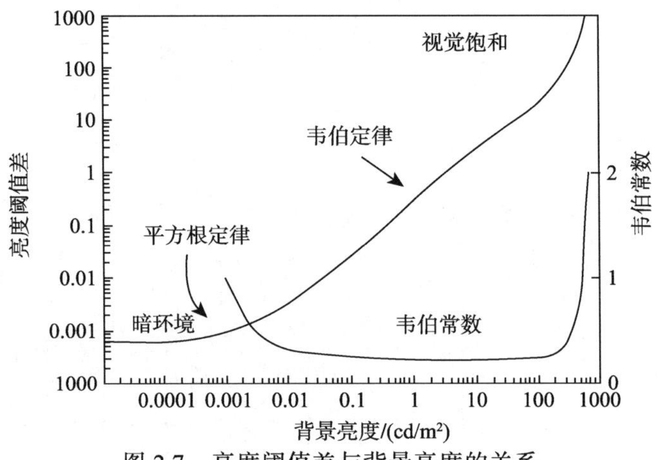

图 2.7　亮度阈值差与背景亮度的关系

当条件一定时，求解亮度阈值差最精确的方法是通过 Blackwell 的试验曲线插值，另一种更方便的办法是使用试验数据的拟合函数。Adrian 在 1980 年拟合的函数最受欢迎，当目标的视角小于 60′ 时，亮度阈值差的公式如下：

$$\Delta L_{\text{th}}=\phi^{1/2}+L^{1/2} \tag{2.2}$$

式中，$\phi^{1/2}$ 和 $L^{1/2}$ 在下面亮度背景的三个分布区间进行取值。

当 $L_{\text{b}}\geqslant 0.6\text{cd/m}^2$ 时，有

$$\phi^{1/2}=\lg(4.1925L_{\text{b}}^{0.1556})+0.1684L_{\text{b}}^{0.5867}$$

$$L^{1/2}=0.05946L_{\text{b}}^{0.466}$$

当 $0.00418\text{cd/m}^2\leqslant L_{\text{b}}<0.6\text{cd/m}^2$ 时，有

$$\lg\phi^{1/2}=-0.072+0.3372\lg L_{\text{b}}+0.0866L_{\text{b}}^2$$

$$\lg L^{1/2}=-1.256+0.319L_{\text{b}}$$

当 $L_{\text{b}}<0.00418\text{cd/m}^2$ 时，有

$$\lg \phi^{1/2} = 0.028 + 0.173 \lg L_{\mathrm{b}}$$

$$\lg L^{1/2} = -0.891 + 0.5275 \lg L_{\mathrm{b}} + 0.0227 L_{\mathrm{b}}^2$$

式(2.2)的适用条件为暴露时间超过 2s、正对比度、年轻观察者、50%的探测可能性。

2.2.4　人眼的视力

人眼辨认物体细节的能力可以用视角来反映，视角的大小与视距相关。同一个物体，当视距较小时观察的视角就大，当视距较大时观察的视角就小。视角的表达式为

$$\alpha = \frac{180 \times 60}{\pi L} d \tag{2.3}$$

式中，α 为视角，(′)；L 为观察距离，mm；d 为物体的尺寸，mm。

人的视力或者视敏度 V_{A} 用视角的倒数表示，其计算式为

$$V_{\mathrm{A}} = \frac{1}{\alpha_{\mathrm{T}}} \tag{2.4}$$

式中，α_{T} 为人眼能够辨认的最小视角，其大小与视网膜上视锥细胞的直径有关。

国际上采用白底黑圈兰道尔环为标准来衡量人的视力，如图 2.8 所示。环的外径为 7.5mm，以外径的 1/5 即 1.5mm 作为环宽度，环上有一与宽度相同的开口。在观察距离为 5m 时开口的视角为 1′，若在这种情况下能辨认出开口的方向，则视力为 1.0；当视角为 0.5′ 时，若能辨认出兰道尔环开口的方向，则视力为 2.0。

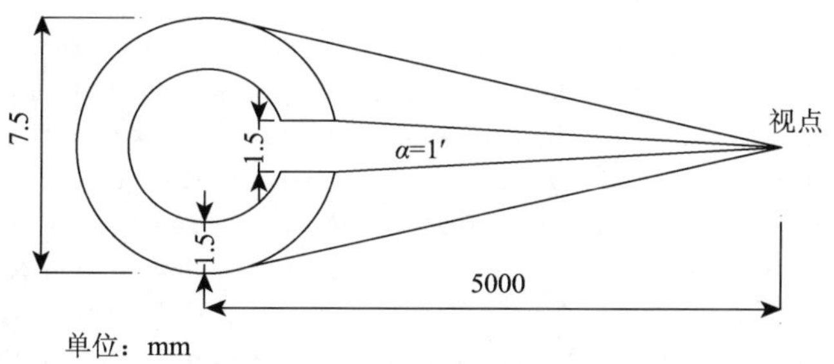

图 2.8　视力为 1.0 的视觉条件

人的视力随着背景亮度的增加而增加，视力与背景亮度的关系如图 2.9 所示，横轴为背景亮度，纵轴为白底黑圈兰道尔环视力。可以看出，当背景亮度为 0.1~300cd/m^2 时，视力与背景亮度的对数值成正比；在背景亮度 0~3000cd/m^2 范围内，视力随着背景亮度的增加而增加，当背景亮度超过 3000cd/m^2 后，会产生较强的失能眩光，从而导致视力随背景亮度的增加速率下降。

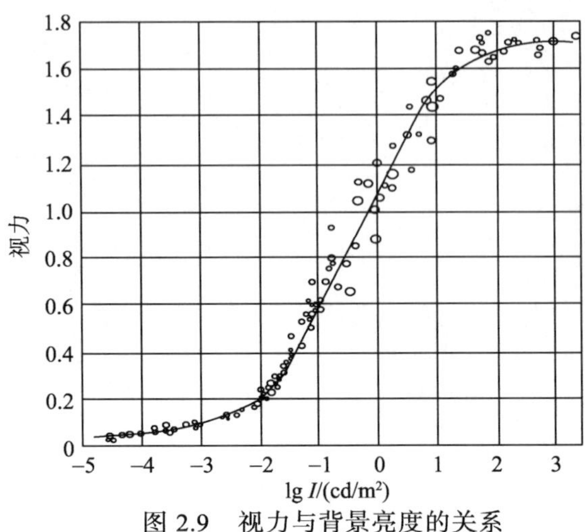

图 2.9　视力与背景亮度的关系

参 考 文 献

刘晓玲. 2011. 视觉神经生理学[M]. 2 版. 北京：人民卫生出版社.

庞蕴凡. 1993. 视觉与照明[M]. 北京：中国铁道出版社.

Barlow H B. 1972. Dark and light adaptation: psychophysics[M]//Jameson D, Hurvich L M. Handbook of Sensory Physiology. Berlin: Springer-Verlag.

Bertozzi M, Broggi A, Boccalini G, et al. 2011. Fast vision-based road tunnel detection[M]// Murino V, Puppo E. Image Analysis and Processing — ICIAP 2015. Cham: Springer International Publishing.

Boyce P R. 2008. Lighting for Driving: Roads, Vehicles, Signs and Signals[M]. New York: Chemical Rubber Company Press.

CIE. 1972. CIE 19—1972　A Unified Framework of Methods for Evaluating Visual Performance Aspects of Lighting[S]. Vienna: International Commission on Illumination.

Hemphala H, Eklund J. 2012. A visual ergonomic intervention in mail sorting facilities: Effects on eyes, muscles and productivity[J]. Applied Ergonomics, 43(1): 217-229.

Janoff M S. 1993. Visibility vs response distance: A comparison of two experiments and the implications of their results[J]. Journal of the Illuminating Engineering Society, 22(1): 3-9.

Karlicek R, Sun C C, Zissis G, et al. 2017. Handbook of Advanced Lighting Technology: Ambient Light Sensor Integration[M]. Cham: Springer International Publishing.

Lynes J A. 1977. Discomfort glare and visual distraction[J]. Lighting Research and Technology, 9(1): 51-52.

Mayeur A, Bremond R, Bastien J M. 2010. Effects of the viewing context on target detection. Implications for road lighting design[J]. Applied Ergonomics, 41(3): 461-468.

O'Brien B. 1951. Vision and resolution in the central retina[J]. Journal of the Optical Society of America, 41(12): 882-894.

Zalesinska M. 2011. Visibility concept in road lighting[M]//Momke K, Brebbia C A. Lihting in Engineering, Architecture and the Environment. Southampton: WIT Press.

第 3 章　隧道照明的理论基础

3.1　隧道照明的视觉任务

在道路照明中，通常采用小目标可见度标准来确定人工照明的需求。一般车辆的底盘与路面之间的净空高度大约是 20cm，因此设定小目标物的尺寸为 20cm × 20cm，即小目标物对 100m 外驾驶者的视角为 7′× 7′。道路照明系统应提供如下视觉条件：在一定的行驶速度下，驾驶者能够在一个停车视距外发现路面上的小目标物。隧道照明系统沿用了道路照明中的小目标物视觉准则，隧道照明和道路照明存在一些共性特征，但由于隧道照明中驾驶者要经历急剧的亮度适应过程，隧道照明比道路照明要复杂得多。

隧道照明的目的就是保证驾驶者以设计速度接近、通过和驶离隧道，整个行驶过程的安全和舒适标准应不低于一般洞外路段。为达到上述目的，一是要求照明系统为驾驶者前方的道路情况提供足够的信息，能够发现路面上的障碍物或者车辆；二是必须让驾驶者在整个过程中对通过隧道具有足够的信心，主观感受通过隧道时是安全的，以免引起恐慌、焦虑等情绪，进而避免采取突然的减速动作，造成灾难性后果。

由于白天隧道内外的亮度等级差别较大，受制于人眼的生理特征影响，驾驶者很难在较短的时间内完成视觉适应，难以发现路面上的障碍物或者前方的车辆，对行车的安全性影响最大。因此，白天隧道入口段的照明是隧道照明的核心部分。

夜间的隧道照明问题相对简单，隧道提供的亮度等级只需不小于洞外道路夜间的亮度等级即可。隧道内一旦发生交通事故，造成的后果要比一般路段严重得多，因此在夜间隧道内必须保持一定的亮度等级。

隧道行车安全涉及多个因素，照明系统仅是其中之一。隧道照明系统的作用就是能够给驾驶者提供足够的目标可见度和驾驶信心，确保驾驶者能够完成驾驶过程中的视觉任务。隧道照明的需求由多个因素共同确定，包括驾驶者的视觉条件、天气情况、道路情况、交通量及组成、驾驶习惯、隧道土建结构和车辆性能等。

相关研究结论表明，采用更大尺寸的小目标物虽然能够降低路面背景亮度需求，但同时会导致入口段长度的增加，总体上的能耗并没有显著的优势。值得注意的是，定义的小目标并不等同于现实中路面上的障碍物，现实中路面上出现的障碍物可能比定义目标物的尺寸要大。

在隧道内，目标物与背景的亮度对比度越大，它的可见度就越好，目标物的亮度对比度与其表面的反射特性、隧道内路面和墙壁的亮度、灯具的光强分布有关。

满足小目标的可见度准则并非隧道照明需求的底线，这里定义的视觉任务有一个重要前提，即车与车的间距大于一个停车视距。当交通量较大，车与车之间的距离小于一个停车视距时，驾驶者的视觉任务还包含防止其他车辆因“黑洞”效应诱发的异常行为，如不可预知的刹车等。为了避免出现这种情况，使驾驶者有足够的信心驶入隧道，在满足小目标可见度的前提下，采取必要的照明措施以降低“黑洞”效应是非常必要的。

3.2　隧道照明的研究历程

虽然人类修建隧道的历史非常久远，但在 20 世纪 60 年代隧道才开始被大量应用于公路交通。20 世纪 50 年代中期以前，由于车速较低和车流量较小，公路隧道照明的需求一直没有得到重视，与一般路段的照明系统设置类似，投入使用的隧道仅仅安装了基础性的照明设施，相当于仅设置了基本照明，并没有对入口段照明给予足够的重视，业界并没有意识到入口段照明对于行车安全的重要性，有的隧道甚至没有设置照明系统。

从 20 世纪 50 年代中期开始，由于隧道交通量逐渐上升，行车速度逐渐增大，公路隧道行车安全问题日趋突出，人们开始认识到在公路隧道内随意、简单地安装一些照明灯具并不能解决根本问题，同时意识到隧道入口段才是隧道照明的重点区段。在车辆行驶到距隧道洞口不远处，洞口在驾驶者的视野内为黑乎乎的一片不可见区域，无法觉察并辨别隧道洞口处的障碍物和洞内的情况。1957 年，英国学者 Waldram 首先指出这一现象的危险性和严重性，并着手对其进行研究，形象地称之为“黑洞现象”。自此，隧道照明继隧道通风之后，成为公路隧道运营管理方面的一项重要课题。

如前所述，隧道入口照明是隧道照明研究的重点，针对隧道入口段路面的亮度确定问题，形成了两大理论体系，一是 Schreuder 开启的稳态视觉适应理论，二是基于眩光的等效光幕理论。在理论的应用方面，从视觉适应理论到等效光幕理论，大致经历了两个阶段，第一阶段是从 20 世纪 60 年代初到 80 年代初，以视觉适应理论的应用为主；第二阶段是从 20 世纪 80 年代末至今，以基于眩光的等效光幕理论为主。

3.2.1　视觉适应理论主导阶段

1964 年，Schreuder 发表了文章 *The Lighting of Vehicular Traffic Tunnels*，首次对隧道入口段照明进行了系统性的介绍。针对隧道入口的照明问题，他开展了隧道入口路面亮度需求的理论探索和基础实验，得到入口段亮度与标准洞外亮度之间的比例关系，如图 3.1 所示。

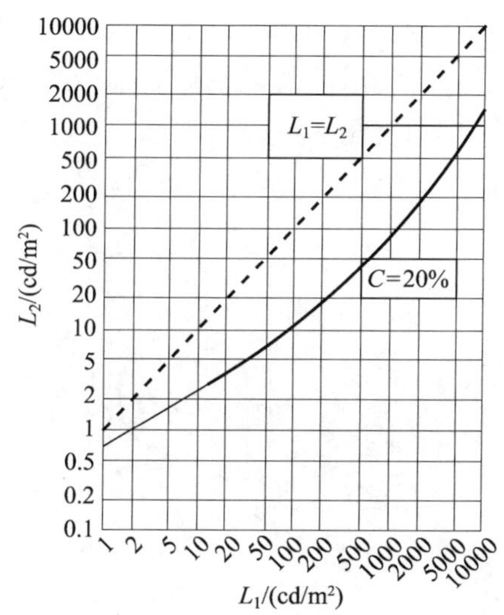

图 3.1　洞内亮度 L_2 与洞外亮度 L_1 的关系曲线

Schreuder 开展的室内实验条件如下。

(1) 采用一个亮度均匀的屏幕模拟隧道洞外的亮度环境，屏幕的亮度为 L_1，观察者持续而稳定地对其视野中心的亮度部分进行适应。假设在进入隧道的过程中，除非已经非常接近隧道洞口，驾驶者的视觉适应状态保持不变。

(2) 在屏幕的中心有一个带有机械快门的开口，用来模拟隧道洞口，其视角 α_2 为 $1° \times 1°$。当快门关闭时，这个区域的亮度仍然为 L_1；当快门开启时，其亮度为 L_2。快门开启的时间为 0.1s。

(3) 在快门开启的同时会在开口内出现一个视角 α_2 为 $7' \times 7'$ 的目标物，相当于驾驶者前方 100m 处放置一个 20cm × 20cm 的正方体，用来模拟隧道内路面上的障碍物。这个目标物的亮度为 L_3。目标物与开口的亮度对比度 C=20%，目标的识别率不低于 75%。屏幕、开口、目标之间的大小和位置关系如图 3.2 所示。

同时代的日本学者 Narisada 也独立进行了一系列与 Schreuder 实验原理极为相似的模拟实验。

由于实验参数选取上存在差异，Schreuder 和 Narisada 关于入口段亮度的取值大小存在差异，Narisada 的实验结果低于 Schreuder 的实验结果，也导致国际照明委员会的隧道照明建议书 *International Recommendations for Tunnel Lighting* (CIE 26—1973)与日本隧道照明的标准存在较大的差异。Schreuder 分析两者产生差异主要是因为他们的实验中驾驶者进入隧道前的视觉适应条件、选取的目标物大小和对比度不同。基于 Schreuder 基础实验结论的国际照明委员会的推荐书的应用场景聚焦在平坦的乡村，而基于 Narisada 实验结论的日本照明标准的应用场景则聚焦于山区，两个应用场景的不同导致进入隧道前的视觉适应条件差异较大。把进入隧道前的视觉适应条件、目标物的大小和对比度进行归一化，两者的实验结果吻合得较好，如图 3.3 所示。

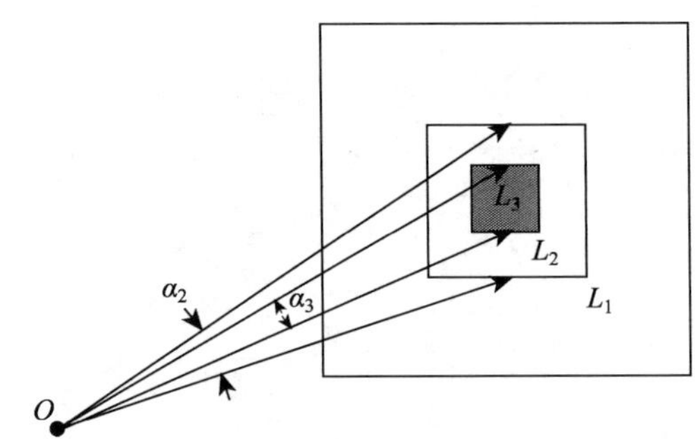

图 3.2　屏幕、开口、目标之间的大小和位置关系

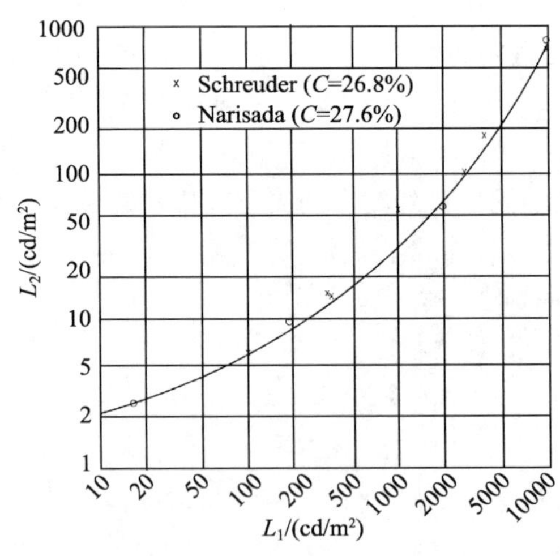

图 3.3　Schreuder 与 Narisada 实验同条件结果比较

基于 Schreuder 的理论研究和基础实验以及业界的实践经验，国际照明委员会

于 1973 年发布了有关隧道照明的报告 *International Recommendations for Tunnel Lighting* (CIE 26—1973)。该报告的主要内容如下。

(1) 在白天，在隧道洞外的路段，驾驶者处于亮度等级较高的光环境中，用亮度来表示驾驶者的视觉适应状态，即洞外亮度 L_1。

(2) L_1 的值大于 8000cd/m^2 的情况是有可能的。

(3) 隧道第一段(即后来定义的入口段)的亮度 L_2 应不小于洞外亮度 L_1 的 10%。

(4) 洞外亮度 L_1 的值在洞口外一定距离取得，即视觉适应点。

(5) 给出了从隧道洞外到洞内的亮度降低变化过程。

另外，该报告对隧道中间段、出口的照明也给出了具体的建议。如果洞外设置了减光设施，要求在任何情况下太阳光都不能照射在减光设施下方的路面上。

实践经验表明，报告 *International Recommendations for Tunnel Lighting* (CIE 26—1973)的内容并不太适用于工程实际，因此在 1975 年国际照明委员会成立了专门的小组进行隧道照明的基础性研究。

1983 年，Schreuder 在 *Entrance Lighting for Road Traffic Tunnels* 一文中认为国际照明委员会根据他的基础研究成果所制定的 *International Recommendations for Tunnel Lighting* (CIE 26—1973) 需要进行重新审视，原因如下。

(1) 实践表明，几乎不可能根据 *International Recommendations for Tunnel Lighting* (CIE 26—1973) 进行隧道入口照明的设计，投入运营后所支付的电费也难以承受。

(2) 当时隧道的数量增长迅速，加之经济形势和能源形势的影响，不允许过高的隧道照明等级。

(3) 国际上几个知名的长隧道照明系统并未完全遵照 *International Recommendations for Tunnel Lighting* (CIE 26—1973)设计，但运行情况尚属良好。

Adrian 在 1982 年指出，根据神经生理学和视紫红质方面的研究成果，在实践中应用 Schreuder 实验结果存在一定的问题。例如，接近隧道洞口的过程中，驾驶者的视觉适应状态与 Schreuder 实验中假想的视觉状态有相当大的差异。

在现实中，洞外场景由路面、山体、植被和树木等组成，各个部分的亮度是有差异的，在 Schreuder 的基础实验中采用均一亮度的屏幕来模拟隧道洞外场景，在洞外亮度计算时给予隧道洞门的路面太多权重，造成入口段的亮度太高，超过了实际需要。因此，在实际的工程中不能直接采用其实验结果。

3.2.2　视觉适应理论向等效光幕理论过渡阶段

1985 年，国际照明委员会发布了报告 *Tunnel Entrance Lighting—A Survey of*

Fundamentals for Determining the Luminance in the Threshold Zone (CIE 61—1984)，主要关注隧道的入口加强照明，并没有涉及隧道其他段落以及照明设计程序、计算方法、照明设备、照明控制、照明系统维护等内容。报告的内容不是强制性的，旨在为以后的隧道照明建议书的编写提供技术背景和基础。该报告首先对 Schreuder 关于隧道入口照明的基础实验的有效性和可靠性进行了确认，主要涉及目标物尺寸大小、目标物存在时间、目标物的识别率等对入口段照明的影响。

在 CIE 61—1984 报告中提出，影响驾驶视觉适应的因素有以下两个。

(1) 洞口周围景物产生的等效光幕亮度 L_{seq}。

(2) 驾驶者视野中心的亮度，如前方路面和隧道入口本身的亮度。

其中，等效光幕亮度 L_{seq} 是影响驾驶者视觉适应的关键因素。基于等效光幕亮度 L_{seq} 确定隧道入口段照明需求的方法称为觉察对比度法。在实践中很难在设计阶段求得等效光幕亮度 L_{seq} 的值，从而难以确定入口段的亮度需求，而采用 L_{20} 方法可以比较容易地确定入口段的亮度需求。

一般情况下，L_{20} 方法和觉察对比度法计算的结果具有较好的一致性。但是，在一些例外的情况下，两者的差异相当可观，这些情况包括以下方面。

(1) 在 20° 视野范围内，天空的占比特别高或者特别低。

(2) 接近段的总体亮度等级非常高。

(3) 太阳接近 20° 视野区域。

以 CIE 61—1984 报告为基础，结合积累的隧道照明系统方面的实践经验，国际照明委员会在 1990 年发布了 *Guide for the Lighting of Road Tunnels and Underpasses* (CIE 88—1990)，其中，隧道入口段照明需求仍然基于 L_{20} 概念。该指南对 *International Recommendations for Tunnel Lighting* (CIE 26—1973) 的内容做了较大幅度的修正，主要体现在以下方面。

(1) 较为全面地考虑了影响洞外亮度 L_{20} 的不同因素，包括停车视距、洞口周围不同景观的亮度、隧道洞口朝向等，其结果是切乎实际地大幅度降低了 L_{20} 的估算值。

(2) 考虑了照明灯具光强分布对照明质量的影响，即引入逆光照明、对称照明概念，采用路面亮度 L 和垂直面照度 L_V 的比值来区分两种照明类型，L/L_V 值小于等于 0.2 时为对称照明。当 L/L_V 值大于或等于 0.6 时为逆光照明，在这种情况下，照明系统能够提供相对较高的路面亮度和小目标物可见度。

(3) 隧道入口段的亮度与洞外亮度 L_{20} 的比值由停车视距和照明类型共同确定，采用逆光照明时，L_{th}/L_{20} 值比对称照明低 10%~30%。

(4) 考虑了行车速度对照明水平要求的影响，但并不简单地以车速为控制指标，而是以停车视距为控制指标，因为直接影响视觉信息的是视距，而停车视距不仅与车速有关，还与路面坡度、路面类型有极为密切的关系。

(5) 考虑了交通量对照明水平要求的影响，提出隧道墙壁的亮度对行车安全也有重要的影响。

(6) 在附录中提供了确定隧道入口段亮度的觉察对比度计算方法。

3.2.3　等效光幕理论主导阶段

在亮度等级和面积相同的情况下，靠近驾驶者视野中心的面元对驾驶者视觉适应的影响比边缘的面元大，即驾驶者的视觉适应具有“位置”效应。在视觉适应理论中没有考虑这种“位置”效应，即假设视野内所有面元对于驾驶者视觉适应的影响权重是相等的，权重大小与面元在视野中的位置无关。

以小目标能见度为准则，Adrian 根据失能眩光形成机理发展出了等效光幕理论。来自驾驶者 2° 视锥角以外的光线在人的眼球内部发生反射并产生散射光，这些散射光在视网膜的前方形成一个具有一定亮度的光幕，如图 3.4 所示，光幕的存在干扰了驾驶者对目标物的识别。驾驶者视野中的物体表面是这些光线的主要来源，因此可以将这些表面视为眩光源，基于 Holladay-Stiles 眩光计算公式就可以对这种效应进行量化。

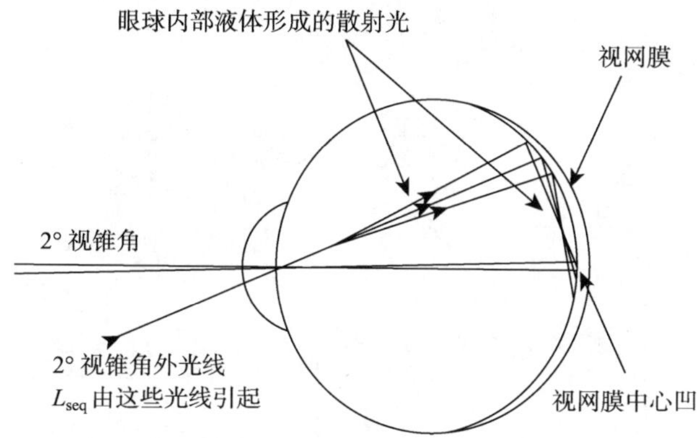

图 3.4　等效光幕亮度 L_{seq} 的形成机制

根据眩光影响大小将视野划分为数个面元，每个面元视为独立的眩光源，该理论考虑了“位置”效应，如图 3.5 所示。

计算等效光幕亮度的步骤如下。

(1) 将驾驶者视野划分为数个区域，离视野中心越近，单个区域的面积越小；离视野中心越远，单个区域的面积越大。将每个区域视为独立的眩光源。

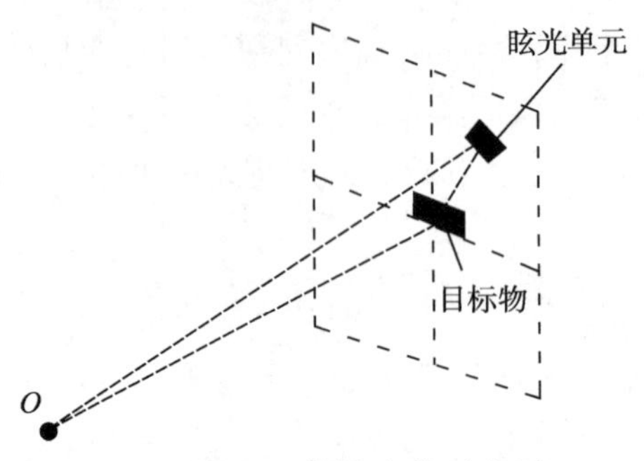

图 3.5　等效光幕示意图

(2) 计算每个区域内景物的平均亮度。

(3) 根据 Holladay-Stiles 公式计算每个区域在人眼中形成的等效光幕亮度。

(4) 将所有区域的等效光幕亮度累加求和，得到视野内所有区域的等效光幕亮度。

大气含有大量的灰尘和颗粒物，自然光线经这些灰尘和颗粒物散射后，一部分投射到驾驶者视网膜的中心凹上，形成一个光幕叠加到人的视网膜上，从而降低了目标物的对比度。同样，经汽车的挡风玻璃和其上的灰尘散射的光线进入人眼，也具有降低目标物对比度的效应，如图 3.6 所示。

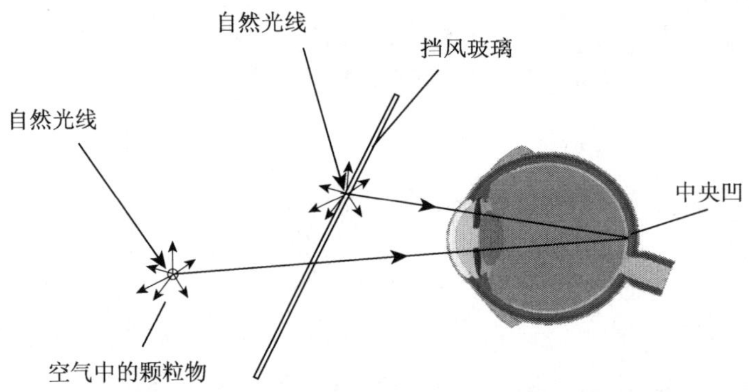

图 3.6　空气中的颗粒物及挡风玻璃散射形成的光幕

为了抵消光幕亮度对目标物对比度降低的影响，需要在隧道入口段设置人工照明以提升目标物与路面的对比度。

目标物本身的对比度 C 为

$$C = \frac{L_{\mathrm{th}} - L_{\mathrm{t}}}{L_{\mathrm{th}}} \tag{3.1}$$

叠加光幕亮度后，目标物的对比度 C' 为

$$
\begin{aligned}
C' &= \frac{(L_{\text{th}} + L_{\text{v}}) - (L_{\text{t}} + L_{\text{v}})}{L_{\text{th}} + L_{\text{v}}} \\
&= \frac{L_{\text{th}} - L_{\text{t}}}{L_{\text{th}} + L_{\text{v}}} \\
&= \frac{L_{\text{th}}}{L_{\text{th}} + L_{\text{v}}} C
\end{aligned} \tag{3.2}
$$

通过式(3.1)和式(3.2)可以求得入口段亮度 L_{th} 为

$$
L_{\text{th}} = \frac{C'}{C - C'} L_{\text{v}} \tag{3.3}
$$

2004 年，国际照明委员会基于等效光幕理论，发布了 *Guide for the Lighting of Road Tunnels and Underpasses* (CIE 88—2004)。在该指南中，确定隧道入口段亮度的方法为觉察对比度法，并给出了详细的计算方法和步骤。

3.3　隧道照明相关规范及报告

1973　国际照明委员会　*International Recommendations for Tunnel Lighting* (CIE 26—1973)

1985　国际照明委员会　*Tunnel Entrance Lighting—A Survey of Fundamentals for Determining the Luminance in the Threshold Zone*(CIE 61—1984)

1990　国际照明委员会　*Guide for the Lighting of Road Tunnels and Underpasses* (CIE 88—1990)

2000　中华人民共和国交通运输部　公路隧道通风照明设计规范(JTJ 026.1—1999)

2003　欧洲标准化委员会　*Lighting Applications—Tunnel Lighting*(CR 14380: 2003)

2004　国际照明委员会　*Guide for the Lighting of Road Tunnels and Underpasses* (CIE 88—2004)

2005　北美照明学会　*Recommended Practice for Tunnel Lighting*(IESNA-RP-22—2005)

2010　国际照明委员会　*Calculation of Tunnel Lighting Quality Criteria*(CIE 189—2010)

2011　国际照明委员会　*On Site Measurement of the Photometric Properties of Road and Tunnel Lighting* (CIE 194—2011)

2014 中华人民共和国交通运输部 公路隧道照明设计细则(JTG/T D70/2-01—2014)

2016 英国标准协会 *Code of Practice for the Design of Road Lighting*: *Lighting of Tunnels* (BS 5489-2: 2016)

参 考 文 献

杨翠, 王少飞, 胡国辉. 2016. 国际道路隧道应急照明标准及其借鉴[J]. 照明工程学报, 27(6): 74-77.

中华人民共和国交通运输部. 2000. JTJ 026.1—1999 公路隧道通风照明设计规范[S]. 北京: 人民交通出版社.

中华人民共和国交通运输部. 2014. JTG/T D70/2-01—2014 公路隧道照明设计细则[S]. 北京: 人民交通出版社.

Adrian W. 1976. Method of calculating the required luminances in tunnel entrances[J]. Lighting Research and Technology, 8(2): 103-106.

Adrian W. 1982. Investigations on the required luminance in tunnel entrances[J]. Lighting Research and Technology, 14(3): 151-159.

Amundsen F H, Ranes G. 2000. Studies on traffic accidents in Norwegian road tunnels[J]. Tunnelling and Underground Space Technology, 15(1): 3-11.

Bullough J D, Rea M S. 2000. Simulated driving performance and peripheral detection at mesopic and low photopic light levels[J]. Lighting Research and Technology, 32(4): 194-198.

CEN. 2003. CR 14380—2003 Lighting Applications—Tunnel Lighting[S]. Brussels: European Committee for standardization.

CIE. 1990. CIE 88—1990 Guide for the Lighting of Road Tunnels and Underpasses[S]. Vienna: International Commission on Illumination.

CIE. 2004. CIE 88—2004 Guide for the Lighting of Road Tunnels and Underpasses[S]. Vienna: International Commission on Illumination.

CIE. 2011. CIE 194—2011 On Site Measurement of the Photomertic Properties of Road and Tunnel Lighting[S]. Vienna: International Commission on Illumination.

Kircher K, Ahlstrom C. 2012. The impact of tunnel design and lighting on the performance of attentive and visually distracted drivers[J]. Accident Analysis and Prevention, 47: 153-161.

Narisada K, Yoseoikawa K. 1974. Tunnel entrance lighting—Effect of fixation point and other factors on the determination of requirements[J]. Lighting Research and Technology, 6(9): 9-18.

Schreuder D A. 1964. The lighting of vehicular traffic tunnels[J]. Technische Hogeschoolndhoven, 2: 48-54

Schreuder D A. 1971. Tunnel entrance lighting—A comparison of recommended practice[J]. Lighting Research and Technology, 3(4): 274-278.

Schreuder D A. 1998. Road Lighting for Safety[M]. London: Thomas Telford.

第 4 章　隧道照明灯具

灯具是隧道照明系统的核心组成部分，它的电气和光学性能关系到隧道照明的安全性和舒适性、能耗以及隧道的前期建设和后期运营成本。本章将在介绍相关灯具概念的基础上对不同类型灯具的特性进行详细的阐述和比较。

4.1　光强分布

光源在三维空间内向所有方向或某些方向辐射电磁波，可见光范围内的光能量在空间的分布即光源的光场。在光源的光场中，光强的分布特性数据是进行照明设计和计算的基础与依据。

为了研究和测量光源的光场，必须建立适当的坐标系，用来描述空间中任意一点光强与光源的相关关系，一般采用球坐标系来进行描述，如图 4.1 所示。假设光源放置在球体的中心，球体的半径表示光源与测量点的距离。用(C, γ)表示光源与测量点的角度关系，采用角度参数 C 来定位测量点的经度，将球体分割成平面系统，通过角度参数 γ 来定位测量的纬度。

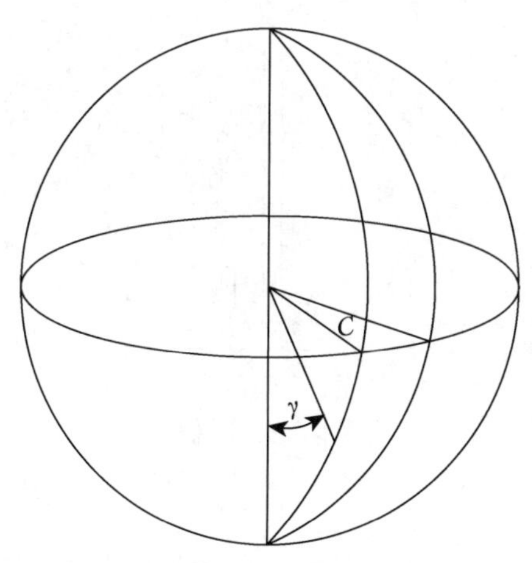

图 4.1　球坐标系

历史上曾使用的坐标系有 A 坐标系、B 坐标系和 C 坐标系，分别用(C, γ)、(A, α)

和(B, β)角度坐标来进行划分，其中参数 A、B、C 代表所在的平面，参数 γ、α、β 表示指定平面内的测量角度，如图 4.2 所示。A 坐标系已经不再使用，B 坐标系一般用于表达泛光灯的光强分布，目前应用最广泛的是 C 坐标系。

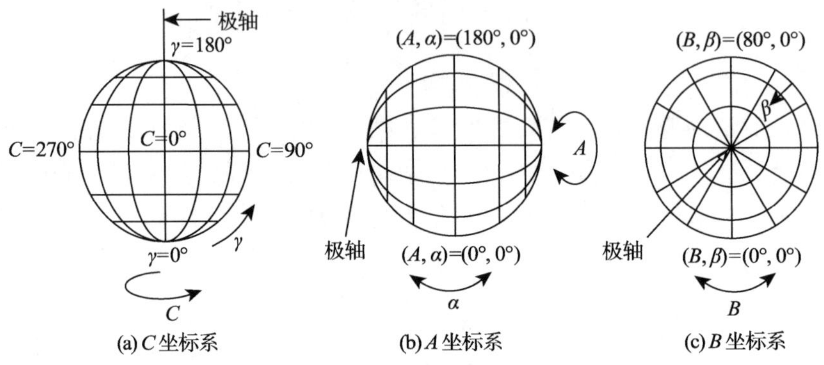

图 4.2　光源坐标系统

将光源的坐标系统比喻成一本书的页码可以帮助理解光强分布的概念，国际照明委员会即采用了这一途径，图 4.3 为 C 坐标系的书本化描述示意。从灯具的发光面中心向所照射平面做的垂线为系统的第一轴，在道路照明中，$C0°\sim180°$平面与道路的纵向中心线平行，$C90°\sim270°$平面与道路的纵向中心线垂直。

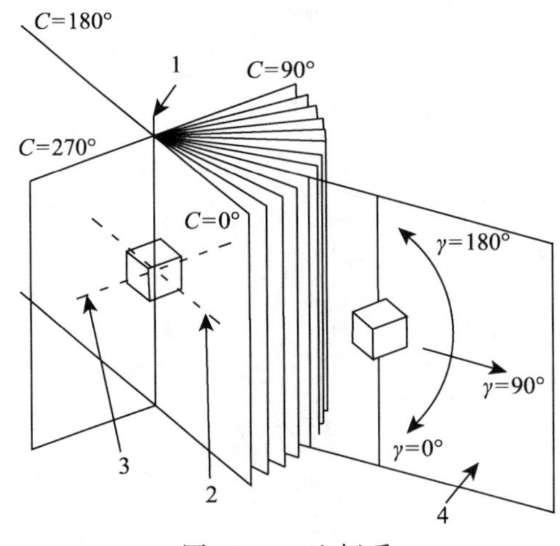

图 4.3　C 坐标系

1. 第一轴：极轴；2. 第二轴；3. 第三轴；4. 剖面=C 平面

目前，规模较大的灯具制造商一般都配置了分布式光度测试仪，可以方便、快速地获得灯具的空间光强分布及灯具的总光通量等参数，以便于对产品的质量进行改进。图 4.4 为某种类型的分布式光度测试仪的原理图。

国际上比较流行的光强分布文件标准格式有 CIBSETM-14、Eulumdat、CIE102 和 IESNA LM-63 等。目前，应用最广泛的为 IESNA LM-63—2002 文件格式，文件的扩展名为 ies，大部分的光学计算软件均支持该文件格式，我国大部分的灯具生产商均提供灯具的 IESNA LM-63—2002 格式给设计和科研机构进行照明计算。尽管每种文件标准格式在形式上有很大的差别，但其核心内容均是记录灯具的光强在空间的分布，因此文件标准格式之间可以通过一定的程序进行格式转化。

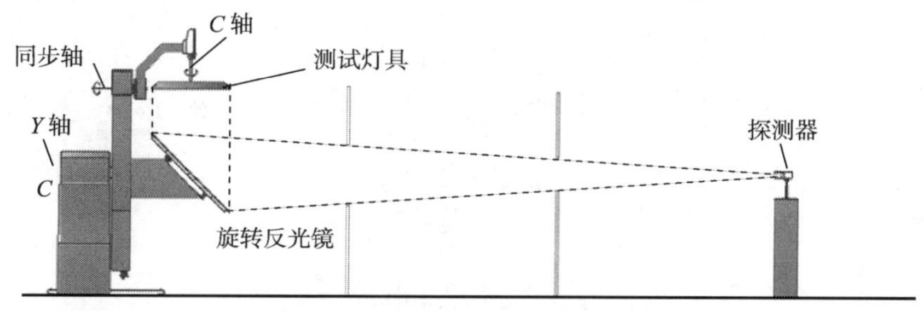

图 4.4　分布式光度测试仪原理图

Eulumdat 光强分布文件格式由德国柏林照明咨询公司在 1990 年提出，文件的扩展名为 ldt，该格式被除英国以外的欧洲灯具生产商所采纳，它可以通过免费的 LDT 程序进行文件内容的编辑。在照明计算领域应用最广泛的德国光学计算软件 Dialux 就是采用了该文件格式。

国际照明委员会在 1993 年发布了 CIE102 光强分布标准格式，文件扩展名为 cie，尽管它是国际照明委员会提出的光强分布文件标准格式，但采用的灯具生产商并不多，多数照明计算软件也不支持该光强分布文件标准格式。

4.2　光强表及配光曲线

灯具的光强表是进行照明计算的必要数据，从该表上可以查找出灯具指向照射面上一定方向上的光强值，结合内插法可以得出照射面上任意一点所对应的光强值，从而计算照射面上每一点的照度和亮度。根据国际照明委员会的建议，照明灯具至少给出由 36 个 γ 角和 56 个 C 角所对应的 1872 个光强值。表 4.1 为某种 LED 隧道灯具的光强表；表 4.2 为某种隧道高压钠灯的光强表。

灯具光强分布为空间三维形式，难以通过表格对其光强分布特性进行描述，因此一般以通过光源中心的几个典型垂直平面上的极坐标光强曲线来描述灯具的光强分布特征，如对称配光、非对称配光和最大光强方向等。图 4.5 为表 4.1 所描述的 LED 隧道灯具 C90°~270°及 C0°~180°平面内的光强分布；图 4.6 为表 4.2 所描述的高压钠灯 C90°~270°及 C0°~180°平面内的光强分布。

表 4.1 光强表 (LED灯)

γ \ C	0°	15°	30°	45°	60°	75°	90°	105°	120°	135°	150°	165°	180°	195°	210°	225°	240°	255°	270°	285°	300°	315°	330°	345°	360°
0.0°	260	260	260	260	260	260	260	260	260	260	260	260	260	260	260	260	260	260	260	260	260	260	260	260	260
5.0°	263	263	268	270	273	275	275	275	276	266	259	256	256	258	262	259	252	252	254	251	255	256	263	263	263
10.0°	266	266	275	280	285	289	289	290	291	272	258	252	252	255	263	257	243	243	248	241	249	252	265	265	266
15.0°	266	266	278	287	297	312	323	318	310	281	263	248	248	247	248	245	243	243	245	242	244	245	253	259	266
20.0°	266	265	281	293	308	334	356	346	330	290	268	244	244	239	232	234	242	242	243	242	239	239	241	254	266
25.0°	254	258	284	322	371	419	452	440	408	324	276	239	232	226	224	226	236	236	239	237	240	233	235	244	254
30.0°	243	251	287	351	434	504	549	533	487	358	285	233	219	214	217	218	230	231	236	232	242	228	228	235	243
35.0°	226	238	302	415	546	609	629	628	612	440	310	232	203	196	206	216	216	209	212	211	232	224	213	220	226
40.0°	209	226	317	479	657	715	709	723	736	521	335	232	186	179	195	214	203	188	189	189	222	221	198	205	209
45.0°	193	226	373	519	570	553	534	559	581	548	367	197	146	146	177	182	169	169	177	172	184	185	191	191	193
50.0°	178	227	429	559	483	391	360	394	426	574	399	162	105	113	159	149	135	149	165	154	146	149	185	176	178
55.0°	147	219	469	433	356	291	265	291	313	419	309	142	87	94	123	126	97	104	110	107	106	119	147	147	147
60.0°	116	211	509	307	229	190	171	188	200	264	218	122	70	76	87	102	60	59	55	59	65	88	109	118	116
65.0°	91	158	320	209	167	127	96	126	135	185	165	89	54	57	50	61	44	46	42	45	47	60	70	89	91
70.0°	66	105	131	112	105	63	21	65	70	105	111	56	38	37	14	20	28	33	29	32	30	32	32	59	66
75.0°	37	57	69	58	55	34	12	35	37	55	59	31	22	21	8.72	12	16	19	18	19	18	20	19	33	37
80.0°	7.68	9.81	5.96	4.66	4.3	4.32	4.04	4.36	3.71	4.85	7.26	6.19	5.43	5.32	3.89	4.58	4.48	5.78	6	5.42	6.27	7.83	6.25	6.88	7.68
85.0°	4.04	5.11	3.18	2.54	2.36	2.38	2.22	2.41	2.06	2.69	3.96	3.35	2.9	2.92	2.23	2.52	2.44	3.12	3.22	2.9	3.35	4.15	3.33	3.66	4.04
90.0°	0.4	0.41	0.4	0.42	0.42	0.44	0.4	0.47	0.4	0.52	0.67	0.5	0.38	0.52	0.57	0.46	0.4	0.47	0.44	0.39	0.44	0.48	0.42	0.44	0.4

表 4.2 光强表（高压钠灯）

γ \ C	0°	15°	30°	45°	60°	75°	90°	105°	120°	135°	150°	165°	180°	195°	210°	225°	240°	255°	270°	285°	300°	315°	330°	345°	360°
0.0°	340	340	340	340	340	340	340	340	340	340	340	340	340	340	340	340	340	340	340	340	340	340	340	340	340
5.0°	337	339	337	340	344	348	349	348	344	340	337	339	337	332	330	325	319	314	314	314	319	325	330	332	337
10.0°	352	356	355	354	356	362	362	362	356	354	355	356	352	336	326	321	310	294	289	294	310	321	326	336	352
15.0°	348	358	365	361	365	365	363	365	365	361	365	358	348	332	323	305	283	270	265	270	283	305	323	332	348
20.0°	359	367	371	373	367	369	376	369	367	373	371	367	359	342	311	292	259	235	223	235	259	292	311	342	359
25.0°	366	380	390	385	381	376	373	376	381	385	390	380	366	344	313	272	234	212	187	212	234	272	313	344	366
30.0°	383	404	399	404	390	375	354	375	390	404	399	404	383	352	304	251	200	165	153	165	200	251	304	352	383
35.0°	405	423	423	417	378	339	314	339	378	417	423	423	405	356	296	226	167	131	116	131	167	226	296	356	405
40.0°	413	452	454	416	334	264	234	264	334	416	454	452	413	365	291	201	135	98	88	98	135	201	291	365	413
45.0°	432	473	470	372	231	152	120	152	231	372	470	473	432	373	270	168	102	71	63	71	102	168	270	373	432
50.0°	454	497	474	286	124	70	48	70	124	286	474	497	454	378	252	139	74	51	41	51	74	139	252	378	454
55.0°	455	512	415	167	46	12	5.37	12	46	167	415	512	455	371	228	104	51	29	20	29	51	104	228	371	455
60.0°	454	497	290	67	3.91	0.12	0.05	0.12	3.91	67	290	497	454	370	190	65	18	3.17	1.75	3.17	18	65	190	370	454
65.0°	421	400	139	8.12	0.04	0	0	0	0.04	8.12	139	400	421	355	137	18	0.74	0.01	0	0.01	0.74	18	137	355	421
70.0°	286	185	26	0.16	0	0	0	0	0	0.16	26	185	286	285	52	0.55	0	0	0	0	0	0.55	52	285	286
75.0°	51	9.86	0.43	0	0	0	0	0	0	0	0.43	9.86	51	75	2.37	0	0	0	0	0	0	0	2.37	75	51
80.0°	0.98	0.01	0	0	0	0	0	0	0	0	0	0.01	0.98	0.74	0	0	0	0	0	0	0	0	0	0.74	0.98
85.0°	0	0	0	0.01	0	0	0	0	0	0.01	0	0	0	0	0	0	0	0	0	0	0	0	0	0	0
90.0°	0	0.11	0.11	0.13	0.04	0	0	0	0.04	0.13	0.11	0.11	0	0.04	0.1	0	0	0	0.25	0	0	0	0.1	0.04	0

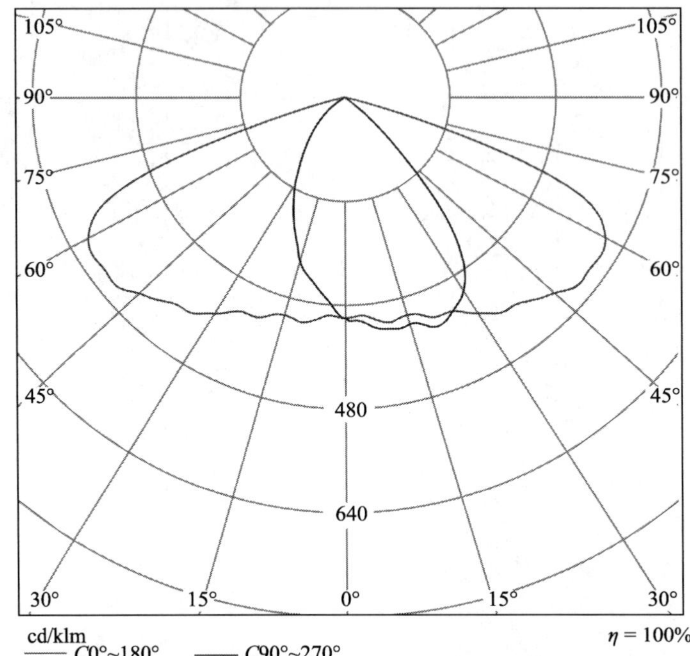

图 4.5　C90°~270°及 C0°~180°平面配光曲线(LED 灯)

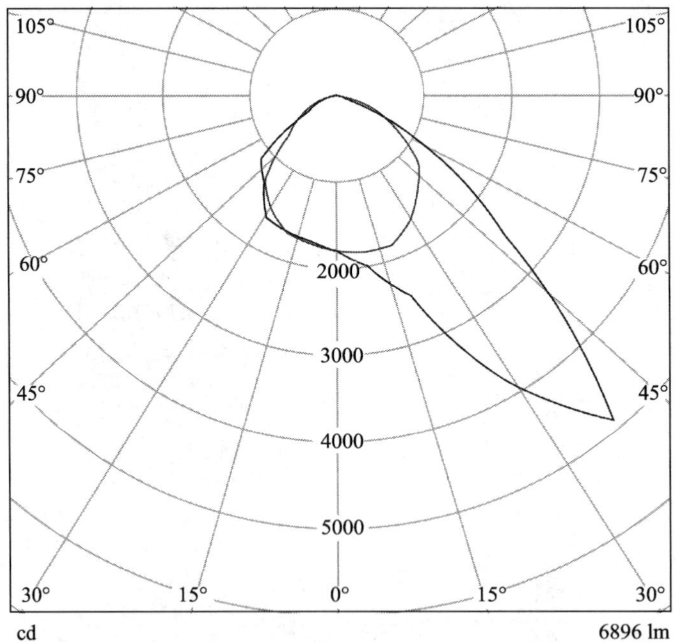

图 4.6　C90°~270°及 C0°~180°平面配光曲线(高压钠灯)

4.3　隧道照明类型

目前有三种基本的隧道照明类型，分别为对称照明、逆光照明和顺光照明，如图 4.7 所示。在总的光通量输出相同的情况下，不同形式的照明类型下的路面亮度、对比度、可见度、小目标可见度和眩光等指标有着显著的差别。

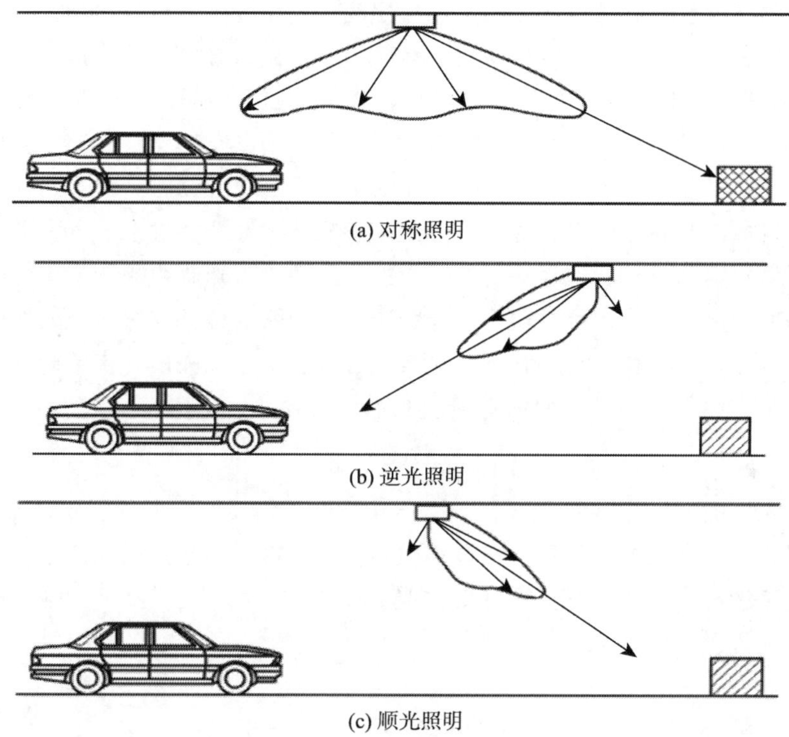

(a) 对称照明

(b) 逆光照明

(c) 顺光照明

图 4.7　隧道照明类型

对比显示系数 q_c 可用来对隧道照明类型进行分类界定，计算公式如下：

$$q_c = \frac{L_r}{E_v} \tag{4.1}$$

式中，L_r 为路面的亮度；E_v 为路面的垂直照度。

1. 逆光照明

当对比显示系数 q_c 大于或等于 0.6 时为逆光照明，其主要特点为将大部分的光线投向行车方向相反的方向，而在行车方向上没有投射光。大量的光线经过路面反射后进入驾驶者的眼睛，驾驶者感受到的路面亮度等级较高，有利于降低照明系统的电能消耗。在逆光照明情况下，目标物面向驾驶者的垂直面的照度较低，目标物的亮度低于路面的亮度，因此目标物与路面间的对比度的极性为负，且对比度的绝对值较大，这意味着采用逆光照明时能够获得较高的可见度。根据“小目标可见度”理论，目标物容易被驾驶者觉察到，在隧道入口加强照明中采用这种照明类型，能够节省初期投资和后期的运营成本。

2. 顺光照明

当对比显示系数 q_c 小于 0.2 时为顺光照明，光线投向行车方向相同的方向，由于光线经过路面反射后只有少部分投向驾驶者的眼睛，驾驶者感受到路面的亮度等级较低，要达到与逆光照明类型同样的路面亮度，顺光照明的照明系统需要更多的光通量。在顺光照明情况下，目标物面向驾驶者的垂直面的照度较高，目标物的亮度大于路面的亮度，因此目标物与路面间的对比度的极性为正，由于路面的亮度相对较低，目标物的亮度较高，对比度的绝对值较小，根据“小目标可见度”理论，驾驶者不易觉察到目标物的存在。相对于逆光照明，顺光照明能够帮助驾驶者观察到前方车辆的尾部，眩光程度较低，这些是顺光照明的优势，然而顺光照明的视觉诱导效果较差，驾驶者有时感觉不到灯具的存在。由于在亮度、视觉诱导等方面的不足，在工程中采用顺光照明的隧道照明系统较少。

3. 对称照明

对称照明的照明形式将光线投向交通流方向和其反方向的光通量基本上相等，光线同时将路面和目标物照亮，在大多数情况下，目标物与路面间的对比度极性为负，对比度的绝对值介于逆光照明和顺光照明之间。相对于逆光照明和顺光照明，对称照明能提供较好的亮度均匀度。

4.4 灯具类型

从发光原理来看，应用于隧道内的照明灯具可以分为两大类，一类是气体放电灯，包含高压气体放电灯和低压气体放电灯等；另一类为固态发光灯，目前仅有 LED 灯具为固态发光灯。隧道照明灯具分类如图 4.8 所示。

目前，公路隧道人工照明采用的灯具以高压钠灯和 LED 灯具为主，仅有少量的高速公路隧道采用金卤灯、无极灯等其他类型的灯具。荧光灯一般应用在城市隧道的照明系统中，在高速公路隧道内有时用于紧急停车带。随着 LED 灯具光效的不断提升和成本的持续走低，LED 灯具正逐渐取代其他类型的照明灯具。

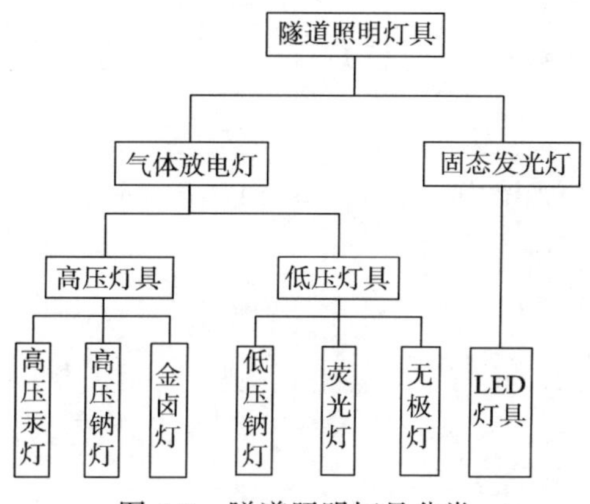

图 4.8　隧道照明灯具分类

4.4.1　高压汞灯

高压汞灯(highpressure mercury lamp)是第一代高压气体放电灯，于 20 世纪 30 年代投入实际应用。高压汞灯的放电管由石英玻璃制成，内部充填汞和惰性气体，放电时的气压约为 10^6Pa，为了帮助灯具启动，在主电极的旁边设置了辅助电极，借助辅助电极的作用，高压汞灯不需要外置启动器就可以启动。放电管包含在玻璃外壳内，其中充填了惰性气体，使放电管与外界绝热，玻璃外壳内表面涂有荧光粉，它的作用是补充高压汞灯中不足的红色谱线，同时提高灯的光效。高压汞灯的结构如图 4.9 所示。

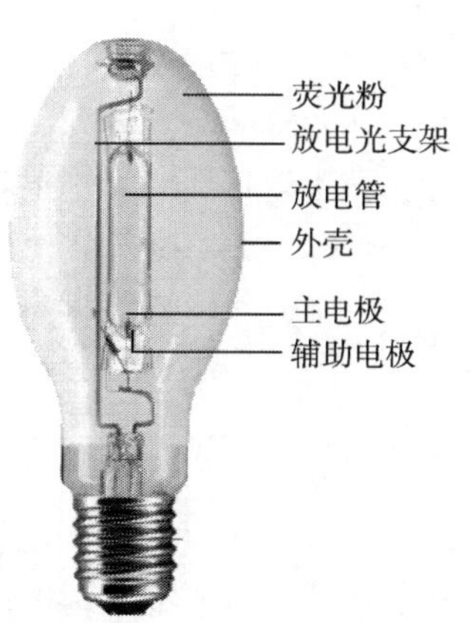

图 4.9　高压汞灯的主要构成

当高压汞灯通电后，辅助电极与其相邻的主电极之间发生辉光放电，产生大量的电子和离子，在放电过程中产生的热量使放电管的管壁温度迅速升高，汞迅速气化。辉光放电产生的电子和离子逐渐扩散至两个主电极间，在两个主电极间形成电弧，汞原子被电子撞击后由稳定态变化到激发态，在由激发态恢复到稳定态的过程中向外辐射光能。

高压汞灯的光效最大可达 65lm/W，光通量衰减的速度较快。高压汞灯的相对谱功率如图 4.10 所示，光谱中有很强的绿光成分，显色性指数范围为 40~60，色温范围为 3500~4500K，寿命约为 15000h。

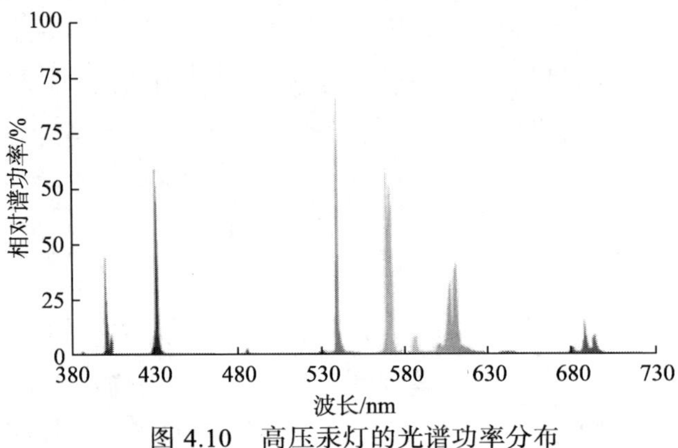

图 4.10　高压汞灯的光谱功率分布

相对于其他高压放电灯，高压汞灯的市场价格较低，在庭院和景观照明中应用较多。

4.4.2　高压钠灯

高压钠灯(high pressure sodium lamp)属于高压气体放电灯的一种，在 20 世纪 60 年代开始应用，并迅速代替了低光效的高压汞灯。高压钠灯的放电管有多晶氧化铝和陶瓷两种，放电管内部充填汞和金属钠，另外还填充了氙气作为启动气体。高压钠灯的结构如图 4.11 所示。

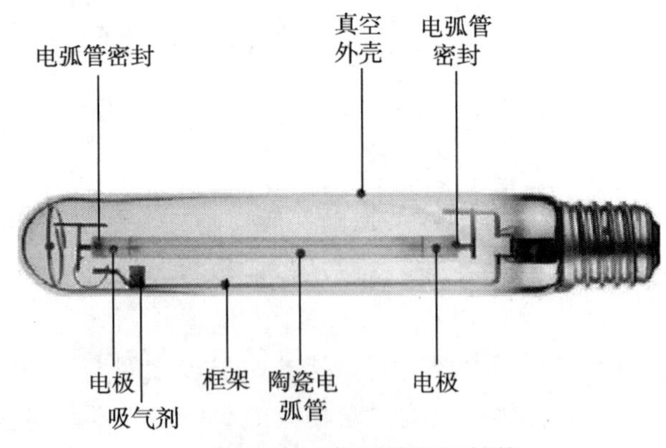

图 4.11　高压钠灯的结构

高压钠灯的发光原理为：当灯具通电后，其内的放电管两端电极之间产生电弧，在电弧的高温作用下管内的钠、汞气化，阴极发射的电子在向阳极运动过程中撞击钠原子，使其获得能量产生电离激发，在由激发态恢复到稳定态的过程中辐射光能。

高压钠灯的光学特性与放电管内钠蒸气的气压相关，当气压为 10kPa 时光源的光效最高，相关色温在 2000K 左右，显色性指数约为 20。通过增加放电管内的钠蒸气气压，能够提高高压钠灯的色温、改善显色性，但同时也显著地降低了发光效率。

由于放电管内钠蒸气压力较高，电子与钠原子之间碰撞频繁，共振辐射谱线加宽，能够辐射出其他频率的可见光。某高压钠灯的光谱功率分布如图 4.12 所示，光谱的主要部分以黄色波长区域为中心，光能量在红色波长区的分布也较多，但在波长较短区域的光能量分布较小。

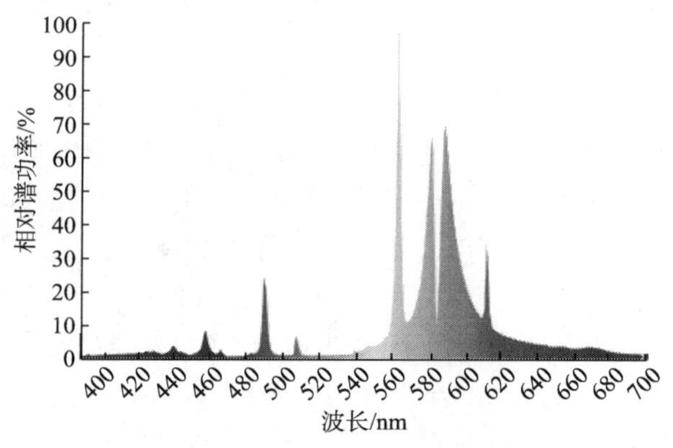

图 4.12　高压钠灯的光谱功率分布

高压钠灯广泛应用于亮度等级要求高、对显色性不敏感的场所，如公路、街道和公园等。隧道照明常用的高压钠灯额定功率有 100W、250W、400W 三种规格。相对于高压汞灯、荧光灯和金卤灯，高压钠灯的光效较高，光源光效可以达到 140lm/W，寿命能达 20000h。高压钠灯最显著的缺点是色温低和显色性差。

4.4.3　金卤灯

金卤灯(metal halide lamp)的结构形式与高压汞灯相似，内部的放电管最初采用石英材料制成，由于存在卤化物的损失问题，灯具在寿命期内有较大的色彩漂移。20 世纪 90 年代开始采用陶瓷材料制作放电管，降低了色彩的漂移程度。与高压汞灯的不同之处在于，金卤灯放电管中不但充有汞，还充填了金属卤化物，为了改善光效和显色性，放电管内部往往还充填氩气，其结构如图 4.13 所示；为了使放电管与外界绝热，玻璃外壳内充填惰性气体或者抽成真空；为了维持真空度，玻璃外壳内还需要配置吸气剂。

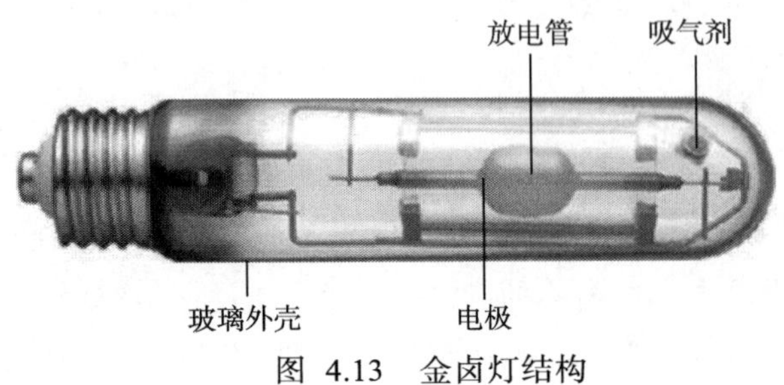

图 4.13　金卤灯结构

如果金属直接充填到放电管内，金属一旦气化就会附着在放电管的内壁上，因此不能将这些金属直接充填到放电管中，而充填这些金属的卤化物就可以解决金属附着内壁这个问题，这就是此种灯具名称的由来。

金属卤化物在放电管中心区域非常高的温度下分解成金属原子和卤素原子，金属原子由激发态变化到稳定态时向外辐射光能。活跃性较强的金属原子无法到达放电管的内壁，因为在这些区域温度较低，金属原子在到达内壁之前就与卤素原子重新合成了金属卤化物。放电管中的汞并不参与发光过程，而是作为缓冲气体用于调节温度和电压。

金卤灯单个灯具的功率可以达到 2000W，单个灯体输出的光通量较大，适用于体育场、大型商场、工业厂房、车站和码头等场所。

金卤灯的光效较高，范围为 65~120lm/W。金卤灯的光谱功率分布如图 4.14 所示，金卤灯光谱在可见光范围内分布较宽，色温范围为 2700~4500K，显示性指数为 65~90。相比于高压汞灯，金卤灯的光效和显色性都得到了显著的提高。金卤灯能够进行光通量输出的调节，但调光设备的成本较高。

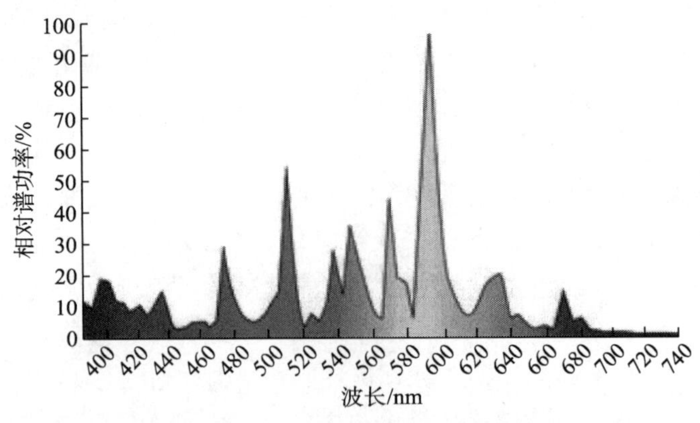

图 4.14　金卤灯的光谱功率分布

低功率金卤灯的寿命约为 7500h，大功率金卤灯的寿命约为 20000h，金卤灯完全启动需要 5min，断电后需要等待 5~10min 才能重新启动。

4.4.4　荧光灯

荧光灯(fluorescent lamp)属于低于汞灯的一种，与其他低压放电灯的特点一样，长度尺寸较大。早期的荧光灯为直管形，后来又发展出环形荧光灯和紧凑型荧光灯。荧光灯内部充填了汞和一些惰性气体，电极分布在灯管的两端，如图 4.15 所示。由于长管形荧光灯的长度较大，应用于隧道内能够提供较好的纵向均匀度，视觉诱导效果优于长度较短的灯具。

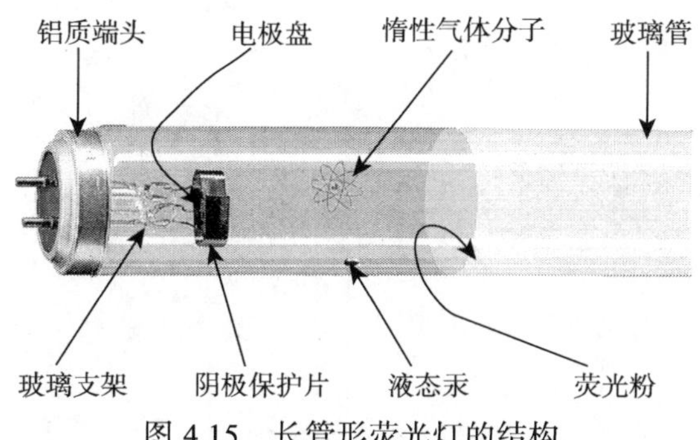

图 4.15　长管形荧光灯的结构

荧光灯的发光原理如下：灯具通电后，电极(阴极)发生的电子与灯管内部的汞原子发生碰撞，使汞原子产生紫外线，紫外线照射在涂有三基色荧光粉的管壁上发出可见光。

荧光灯的光效范围为 70~90lm/W，其光谱范围较宽，有数个细小的尖峰，色温在 4000K 左右，显色性指数约为 80，如图 4.16 所示。

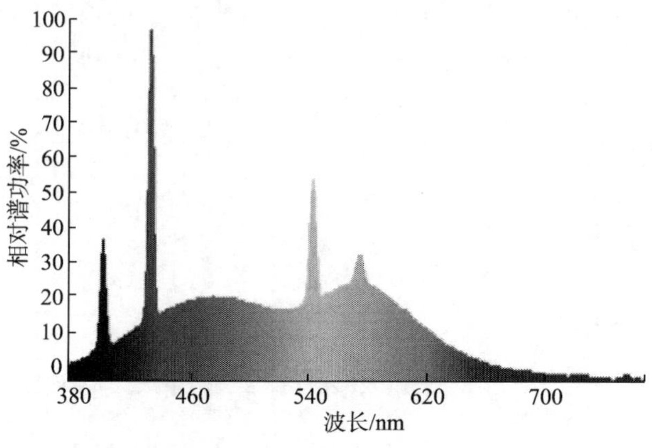

图 4.16　荧光灯的光谱功率分布

4.4.5 电磁感应灯

电磁感应灯(electromagnetic induction lamp)内部没有电极和灯丝，也称为无极灯。按电磁频率来分，包括低频电磁感应灯和高频电磁感应灯，两者都是由高频发生器、耦合器和灯泡组成的，如图 4.17 所示。低频电磁感应灯的耦合器为外置，散热效果较好，但是体积较大；高频电磁感应灯的耦合器为内置，散热效果不佳，但体积较小。低频电磁感应灯的光效比高频电磁感应灯的光效高，电磁干扰也相对较小。

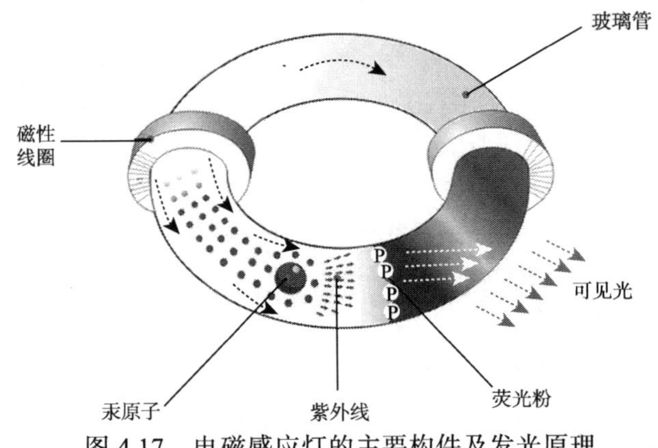

图 4.17　电磁感应灯的主要构件及发光原理

电磁感应灯的工作原理如下：通电后，高频发生器产生高频恒电压传给耦合器，由耦合器在玻璃壳内的放电空间内建立静电强磁场，对放电空间内的汞蒸气进行电离，并产生强紫外光，玻璃泡壳内壁的三基色荧光粉受强紫外光激励而发光。

低频电磁感应灯的光源光效一般在 85lm/W 左右，高频电磁感应灯的光源光效一般在 80lm/W 左右。与高压钠灯和金卤灯一样，应用于隧道照明的电磁感应灯由于采用了反光器，整灯系统光效较低。电磁感应灯的光谱功率分布如图 4.18 所示，

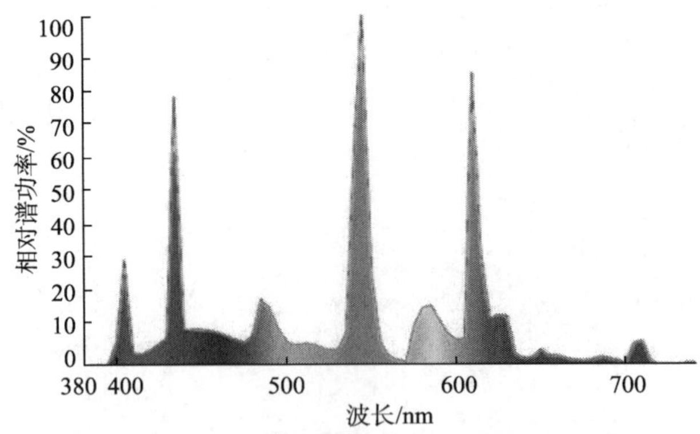

图 4.18　电磁感应灯的光谱功率分布

可见其光谱分布范围较宽，显色性较好，显色性指数一般大于 80，色温范围为 2700~6500K。但电磁感应灯会产生较严重的电磁干扰，在对电磁干扰要求较严格的场所无法使用，同时电磁感应灯的散热问题也很难解决，功率难以做大。

4.4.6　LED 灯具

LED(light-emitting diode)是目前唯一的固态发光光源。LED 灯具本质上是半导体二极管，其核心部分为内部的 PN 结，如图 4.19 所示。当 LED 通电后，P 区的空穴和 N 区的电子在 PN 结进行复合，复合的过程中产生光辐射。早期采用砷化镓(GaAs)的发光二极管只能发射出红外线或红光，后来出现了基于宽能隙半导体材料氮化镓(GaN)和氮化铟镓(InGaN)的蓝光 LED。在蓝光 LED 的基础上，白光 LED 也很快面世。

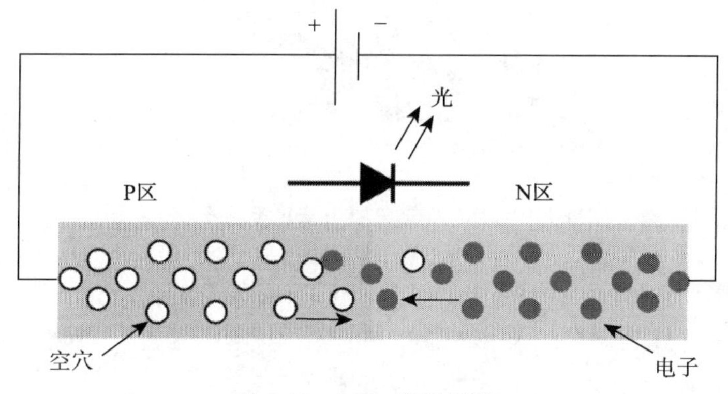

图 4.19　LED 发光原理

早期的 LED 功率较小，光通量较低，主要用于制作指示灯。大功率的 LED 在 20 世纪末才开始出现，1999 年市场上出现了功率为 1W 的 LED。2002 年出现了功率为 5W 的 LED，光效为 18~22lm/W。此后的数年里，LED 产品的光效纪录不断被刷新。2012 年 4 月美国 CREE 公司的 LED 试件光效达到 254lm/W，2014 年该公司宣布其产品光效历史性地突破了 300lm/W，达到 303lm/W。

LED 本身发出的是近似单色光，而照明场所通常需要白光，目前可以通过以下两个方案来使 LED 发白光。

(1) 通过三原色的 LED 组合成阵列，阵列发出的光经光学混合后形成白光，如图 4.20 所示。由于成本较高，目前很少采用这一方案。

(2) 在 LED 芯片上方覆盖荧光粉，荧光粉把 LED 单色光转化为含有三原色的白光。由于这一途径成本较低，市面上大多数 LED 灯具都采用这一途径，其原理如图 4.21 所示。

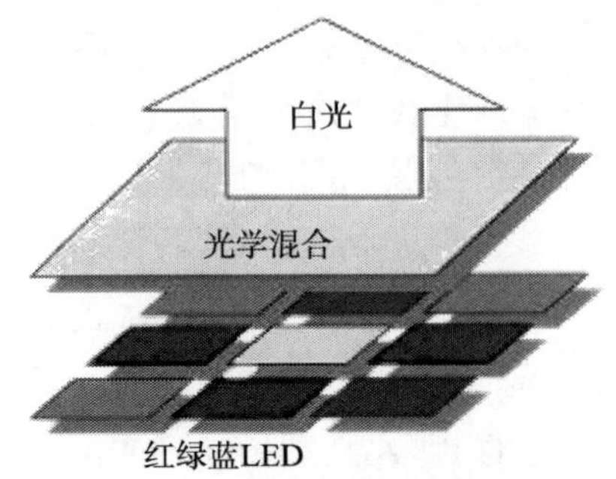

图 4.20　三原色产生白光原理

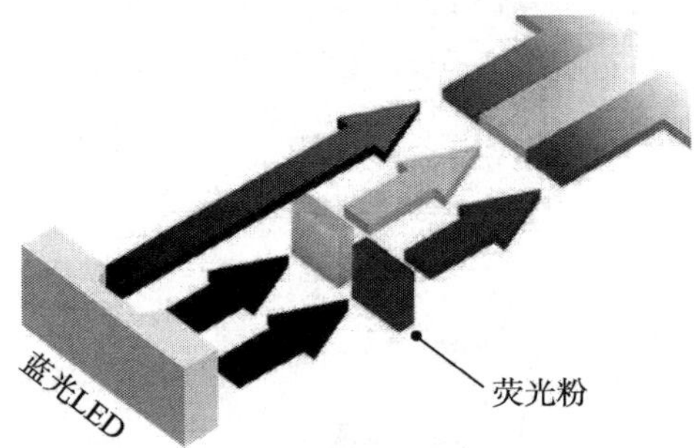

图 4.21　蓝光和荧光粉组合产生白光的原理

采用方案(2)实现发白光的 LED 光谱分布具有如下特征：在波长 450nm 附近有一个相对较窄的波峰，在波长 550~600nm 范围内有一个相对较宽的波峰，而其他的波长范围相对辐射强度很低，如图 4.22 所示。

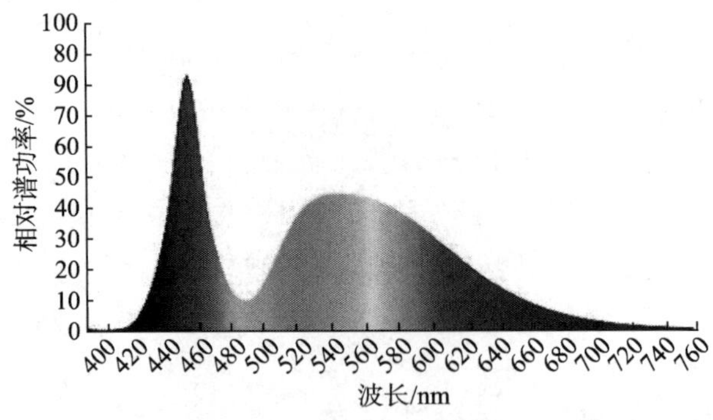

图 4.22　LED 灯具的光谱功率分布

LED 灯具的光效、色温和显色性指数受荧光粉成分的影响较大。通过调节荧光粉的成分和剂量，可以调节 LED 灯具的色温，调节范围为 2700~10000K。通常情况下，色温越高，光效也越高，但是显色性较差，显色性指数一般低于 75。当 LED

灯具的色温较低时，光效较低，而显色性能较好，显色性指数一般大于 80。

与气体放电灯相比，LED 灯具在诸多方面具有如下明显优势。

(1) 节能。目前商品化的 LED 光效达到 135lm/W，由于 LED 是定向光源，光线的利用率较高，没有光能浪费，光源光效与系统光效差别较小。

(2) 寿命长。目前 LED 光源的寿命可达 50000h，在寿命方面明显高于其他放电灯。LED 光源本身很少出现故障，通常出现故障的主要是电源驱动器。

(3) LED 具有出色的显色性，显色性指数一般大于 70。

(4) LED 的色温范围为 3000~6500K，可以根据照明场景的需要进行配置。通过不同色温灯珠的组合，可以实现对色温的控制。

(5) LED 通过透镜进行配光，透镜参数在加工过程中易于控制，可以通过透镜对 LED 灯具的光强分布进行精确控制。

(6) LED 支持无级调光，容易实现“按需照明”，能够通过精细化管理实现最大化的节能。

4.4.7　灯具特性综合比较

从对各种灯具的分析可以看出，每种类型的灯具均有自身的优势和劣势，对于隧道照明并不存在一种完美的灯具，如表 4.3 所示。在灯具类型的选择上，需要综合能耗、光衰、色温、显色性、穿透性、寿命和调光等因素进行统筹考虑。

表 4.3　不同灯具特征参数比较

灯具类型	光效/(lm/W)	显色性指数	色温/K	寿命/h	调光
荧光灯	70~90	80	4000	20000	√
高压汞灯	35~65	40~60	4500	15000	×
高压钠灯	120~140	25	＜2500	20000	√
金卤灯	80~120	60~80	4000	20000	√
电磁感应灯	85	＞80	2700~6500	15000	×
LED 灯	110~130	＞70	2700~6500	50000	√

LED 灯具因其在光效、显色性和耐久性等方面的优势正逐渐取代气体放电灯，将成为隧道照明的主要光源。

需要说明的是，虽然荧光灯、高压钠灯和金卤灯能够进行光通量的输出调节，但实现的技术较复杂，在降低光通量的同时，光效、色温和频闪等指标会明显改变，因此，调光的综合效益较差。

图 4.23 呈现了各种灯具的光通量增长趋势。由图可知，在光效的增长方面，传统的气体放电灯的光效在经过几十年的技术发展之后已经没有可以提升的空间；而

LED 的光效近年来得到了迅速提升，实验室和商用的 LED 光效最高值不断被刷新，且还有较大的增长空间。

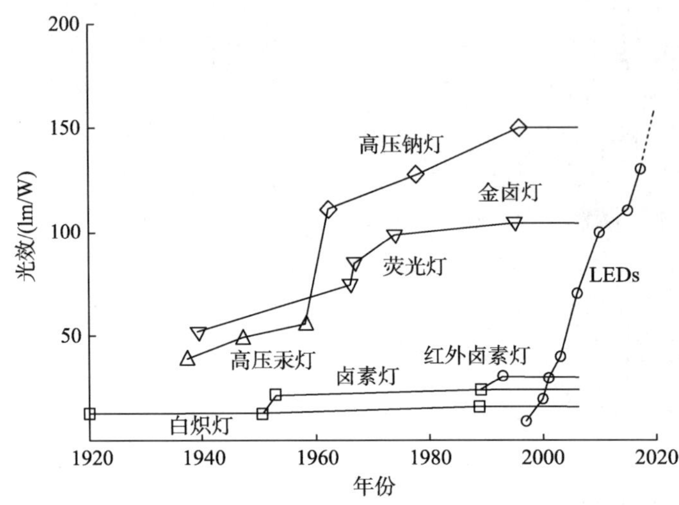

图 4.23　各种灯具的光通量增长趋势

参考文献

戎升亮, Samantha A, 赵杰，等. 2017. 节律照明及其控制策略的研究综述[J]. 照明工程学报, 28(5): 10-15.

汤露瑶, 苏成悦, 陈少藩, 等. 2017. 用多种 LED 单色光芯片模拟太阳光谱的一种光谱组装算法及相似度评价标准[J]. 照明工程学报, 28(5): 4-9.

中华人民共和国工业和信息化部. 2018. QB/T 5208—2017　白光光源显色性评价方法[S]. 北京：中国轻工业出版社.

朱应昶, 肖辉. 2017. 城市道路照明智能化研究[J]. 照明工程学报, 28(5): 16-19.

Akutsu H, Watarai Y, Saito N, et al. 1984. A new high-pressure sodium lamp with high colour acceptability[J]. Journal of the Illuminating Engineering Society, 13(4): 341-349.

Bullough J D, Rea M S. 2011. Intelligent control of roadway lighting to optimize safety benefits per overall costs[C]. IEEE Conference on Intelligent Transportation Systems, Washington DC: 968-972.

CIE. 1977. CIE 034—1977 Road Lighting Lantern and Installation Data Photometric Classification and Performance[S]. Vienna: International Commission on Illumination.

de Boer J B. 1961. The application of sodium lamps to public lighting[J]. Journal of the Illuminating Engineering Society, 56: 293-312.

Fernandez E, Besuievsky G. 2012. Inverse lighting design for interior buildings integrating natural and artificial sources[J]. Computers and Graphics, 36(8): 1096-1108.

Huang T S, Luo F. 2006. Energy saving tunnel lighting system based on PLC[C]. China International Conference on Electricity Distribution, Beijing: 527-533.

Lee X H, Moreno I, Sun C C. 2013. High-performance LED street lighting using microlens arrays[J]. Journal of the Optical Society of America, 21(9): 10612-10621.

Pachamanov A, Pachamanova D. 2008. Optimization of the light distribution of luminaries for tunnel and street lighting[J]. Engineering Optimization, 40(1): 47-65.

Stiles W S, Crawford B H. 1937. The effect of a glaring light source on extrafoveal vision[J]. Proceedings of Royal Society B, 122(827): 255-280.

van Bommel W. 2015. Road Lighting: Fundamentals, Technology and Application[M]. Cham: Springer International Publishing.

第 5 章　隧道加强照明

5.1　隧道照明区段划分

从照明的角度来看，隧道是这样的一个结构物，它覆盖在道路上，阻碍了白天的自然光线照射在路面上，降低了驾驶者观察道路和环境的能力。为了确定隧道纵向上白天不同的亮度等级需求，将隧道在纵向上分成不同的区段，分别为接近段、入口段、过渡段、中间段和出口段，如图 5.1 所示。从行车安全的角度来讲，隧道入口段是照明区段中最重要的部分，其次为过渡段和中间段。

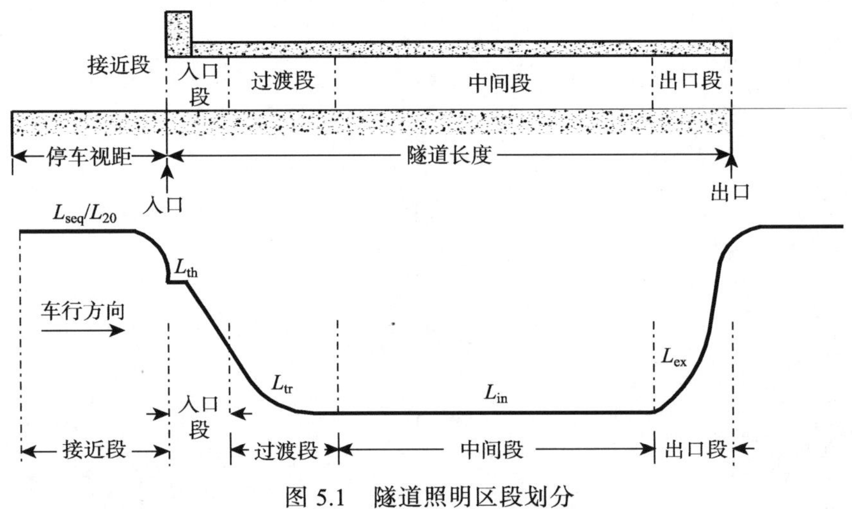

图 5.1　隧道照明区段划分

5.1.1　接近段

接近段包含隧道洞口前的道路和周边环境，驾驶者在这个区段内必须能够看到隧道内部一定长度内路面上的状况，如障碍物、行驶或者静止的车辆等。接近段开始于隧道洞门前方一个停车视距处，结束于隧道洞门处。在接近段内，驾驶者视野中的标准视野亮度 L_{20} 或者光幕亮度 L_{seq} 是确定洞内入口段和过渡段照明亮度的主要依据。

在接近段，驾驶者视野内的景物如隧道建筑、山体和路面等应尽可能地采用冷色调或者绿色植被对其表面进行暗化处理，从而降低洞外亮度 L_{20} 或者等效光幕亮度 L_{seq} 的大小，减轻黑洞效应及对入口段亮度的需求。

一般情况下，视野内的天空亮度远高于建筑、树木和山体等景物的亮度。在接近段，如果视野内有天空存在，为了避免出现 L_{20} 或 L_{seq} 过高的情形，应尽可能地采用树木、建筑等对天空部分进行遮挡，降低入口段的亮度需求。

5.1.2　入口段

入口段是进入隧道口后的第一段。沿着车行方向，入口段要么开始于隧道的洞门，要么开始于隧道减光棚(洞)的起点。入口段的长度应大于一个停车视距。一般采用小目标可见度原则来确定入口段的亮度。入口段的照明系统必须保证驾驶者在接近段能够觉察到路面上的小目标障碍物。

以小目标可见度为准则，入口段亮度的需求主要取决于两个方面，一是驾驶者在接近段的视觉适应状态，主要受接近段的洞外亮度等级影响；二是驾驶者视网膜中心凹对视野中心(2°视角)的亮度适应速度，主要受人眼的生理特征及等效光幕亮度L_{seq}大小的影响。

目前确定隧道入口段照明亮度等级的方法主要有三种，第一种是基于稳态视觉适应理论的 L_{20} 方法，通过该方法确定入口段的亮度步骤相对简单，但是精确度不高；第二种为基于等效光幕理论的觉察对比度法，该方法相对繁复，但是精确度较高；第三种方法为结合了驾驶者主观感受的 SRN(safety rating number)法，该方法是在觉察对比度法的基础上发展而来的。

目前有两种途径能够满足入口段的亮度需求，一是采用减光棚(洞)，利用自然光线为路面提供光通量，从隧道照明的角度来看，减光棚(洞)段即隧道的入口段；二是采用人工照明的方式，即在入口段的顶部或者两侧布设照明灯具，为隧道路面和墙壁提供光通量。

5.1.3　过渡段

过渡段是入口段和中间段之间的照明区段，是为了避免入口段照明与内部中间照明之间的急剧变化而设置的照明段。过渡段的亮度变化必须是逐步的，如果亮度降低过快，驾驶者的眼睛不能完全适应洞内的亮度环境，会产生“视觉停留”效应，导致目标物可见度和视觉舒适性的下降。

5.1.4　中间段

中间段是过渡段之后的区段，在过渡段和出口段之间。因为驾驶者在中间段基本上适应了洞内的亮度环境，所以中间段的亮度在纵向应该保持恒定。隧道内空间狭小，路面一旦有障碍物，驾驶者缺乏空间进行绕避，同时隧道内一旦发生交通事故，其严重程度一般会大于隧道外的一般路段。因此，为了降低隧道内的事故发生率，隧道中间段路面必须具有一定的亮度等级。

5.1.5 出口段

出口段是在行车方向上接近出口洞门的区段。在该区段内，驾驶者的视觉受到洞外自然光线的显著影响。出口段开始于中间段的末端，终点为隧道洞口。

5.2 L_{20}方法确定入口段亮度

5.2.1 L_{20}方法简述

L_{20}方法基于静态视觉适应理论，是最早采用的入口段亮度确定方法，具有计算模式简单、易于执行的优点。

洞外亮度L_{20}的数值通过以下方式获得：在道路纵向距洞口一个停车视距 SD、路面上方的高度为 1.5m 的参考点上，观察者面向洞口投射一个锥角为 20°(2 × 10°)的圆锥体，圆锥体轴线通过隧道洞口所在的竖直面中心线距路面 $h/4$ 的点，圆锥体与路面、地面、山体和洞门等相交接的面上所有物体的亮度平均值即洞外亮度L_{20}，如图 5.2 所示。

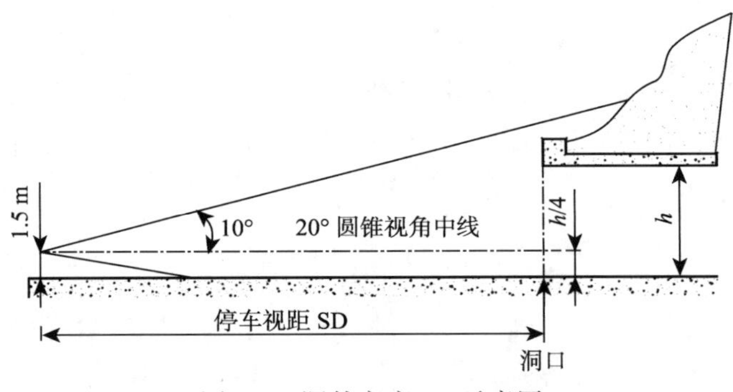

图 5.2 洞外亮度L_{20}示意图

洞外亮度 L_{20} 通常代表接近隧道洞口的驾驶者眼睛在参考点时的视觉适应状态，以L_{20}作为确定洞内入口段亮度的基础。L_{20}的值与季节和天气情况密切相关，因此很难通过测量手段确定其精确值。在工程应用中，可通过两种方法确定 L_{20}的大小，即计算查表法和环境简图法。

5.2.2　计算查表法

计算查表法是根据天空在 20° 圆锥视野中的占比、洞口朝向和车速来估算洞外亮度的方法。

根据 L_{20} 的定义，结合隧道进出口纵坡，利用土建图纸提供的信息，计算出 20° 圆锥视场和圆心位置，绘制出隧道洞口 20° 圆锥视场图，确定天空面积占比，根据表 5.1 查询得到隧道洞口亮度。该方法并未考虑洞口环境的影响，查表得到的洞外亮度误差较大。

表 5.1　洞外亮度估算表

天空面积占比	洞口朝向或洞外环境	洞外亮度/(cd/m²)			
		40km/h	60km/h	80km/h	100km/h
35% ~ 50%	南洞口	—	—	4000	4500
	北洞口	—	—	5500	6000
25%	南洞口	3000	3500	4000	4500
	北洞口	3500	4000	5000	5500
10%	暗环境	2000	2500	3000	3500
	亮环境	3000	3500	4000	4500
0%	暗环境	1000	1500	2000	2500
	亮环境	2500	3000	3500	4000

注：①天空面积占比指接近段亮度 $L_{20}(S)$ 定义中所指的 20° 圆锥视场中的天空面积占比，S 指距洞口一个停车距的点。

②南洞口指北行车辆驶入的洞口，北洞口指南行车辆驶入的洞口。

③东洞口与西洞口取用南洞口与北洞口的中间值。

④暗环境指洞外景物(包括洞门建筑)反射率低的环境；亮环境指洞外景物(包括洞门建筑)反射率高的环境。

5.2.3　环境简图法

环境简图法就是将隧道洞口外的景物亮度与各种景物所占的面积百分比相乘，再将各部分计算值相加后得到洞外亮度的方法。在隧道洞口外参考点上，以洞口所在竖直面距地面 1/4 洞高处作为瞄准点，采用数码相机在隧道洞口采集图像数据，图像作为计算 L_{20} 值的简图。由于洞口的高度可知，L_{20} 视野半径与洞口的高度成比例，可以通过洞口的高度来确定 L_{20} 在图像中的范围，如图 5.3 所示。L_{20} 的计算公式如下：

$$L_{20} = \gamma L_{\mathrm{c}} + \rho L_{\mathrm{r}} + \varepsilon L_{\mathrm{e}} + \tau L_{\mathrm{th}} \tag{5.1}$$

式中，L_{c} 为天空亮度；γ 为 20° 圆锥视场内天空所占的百分比；L_{r} 为路面亮度；ρ

为路面所占的百分比；L_e为周边环境亮度；ε为周边环境所占的百分比；L_{th}为入口段亮度；τ为洞口所占的百分比。其中，$\gamma+\rho+\varepsilon+\tau=1$。

(a) 城市隧道

(b) 公路隧道

图 5.3　L_{20}视锥覆盖范围

在L_{20}计算公式中，仅有L_{th}是未知数，当停车视距 SD 大于 100m 时，τ的值一般小于 10%，同时L_{th}相对于其他部分的亮度值也较低，因此L_{th}的值可以忽略不计。

当停车视距小于 60m 时，L_{20}的计算公式可以表达为

$$L_{20}=(\gamma L_c+\rho L_r+\varepsilon L_e)/(1-\tau k) \tag{5.2}$$

式中，$k=L_{th}/L_{20}$，k的值一般小于 0.1，τk的乘积更小，可以忽略τk，因此L_{20}的计算公式可以简化为

$$L_{20}=\gamma L_c+\rho L_r+\varepsilon L_e \tag{5.3}$$

其中，$\gamma+\rho+\varepsilon+\tau<1$。

为了提高计算精度，将周边环境细分为岩石、端墙、房屋、草地、树木和雪地等子部分，这些子部分的占比总和等于ε。

借助计算机图形图像技术，可以通过求解各个区域的面积或像素数这两种方法获得γ、ρ、ε的值，具体方法如下。

(1) 面积法：将图像导入 AutoCAD 等计算机绘图软件中，利用多段线(pline)工具勾勒出每个图像中L_{20}范围内每个部分的轮廓，通过属性提取手段求出每个部分的面积，从而得到每个部分的占比。

(2) 像素数法：利用 Photoshop 等图像处理软件，先通过多边形套索工具勾勒出每个部分的轮廓，然后通过直方图工具求得每个部分的像素数，从而得到每个部分的占比。γ、ρ、ε的值确定后，通过亮度计测量L_{20}视野内各个部分的亮度，如果无法通过测量的方式得到隧道现场L_c、L_r、L_e的精确值，可以采用表 5.2 提供的

数据，通过式(5.3)就可以得到洞外亮度 L_{20} 的值。

表 5.2　隧道洞处景物亮度参考　　　　(单位：10^3cd/m^2)

驾驶方向	L_c	L_r	L_e			
			岩石	房屋	雪地	草地
N	8	3	3	8	15(V)、15(H)	2
E-W	12	4	2	6	10(V)、15(H)	2
S	16	5	1	4	5(V)、15(H)	2

注：V 表示表面凹凸不平的山地；H 为平原地区，表面几乎在同一水平线上的城市。

入口段的亮度与洞外亮度 L_{20} 呈比例关系，计算公式如下：

$$L_{th} = kL_{20} \tag{5.4}$$

比例系数 k 的大小与车速和入口段照明配光类型相关。车速越大，驾驶者适应洞内亮度环境的时间越短，洞内的亮度需求就越高，因此 k 值越大。逆光照明能够提供较高的目标物对比度，使得目标物易于被驾驶者觉察到，洞内的亮度需求较低，因此采用逆光照明的隧道的 k 值小于采用对称照明和顺光照明的隧道的 k 值。

5.3　觉察对比度法确定入口加强照明

5.3.1　觉察对比度法概述

觉察对比度法是基于等效光幕理论，将视野内的物体表面假定为一个个眩光源，由眩光源发出的光线，经过眼球散射后在人的视网膜前方形成一个明亮的光幕，这个光幕叠加到清晰场景的图像上，光幕的存在降低了目标物与背景的对比度，使目标物的可见度降低。在洞内入口段设置人工照明就是为了保证目标物的对比度等于或者大于阈值对比度，抵消光幕的负面影响，其原理如图 5.4 所示。

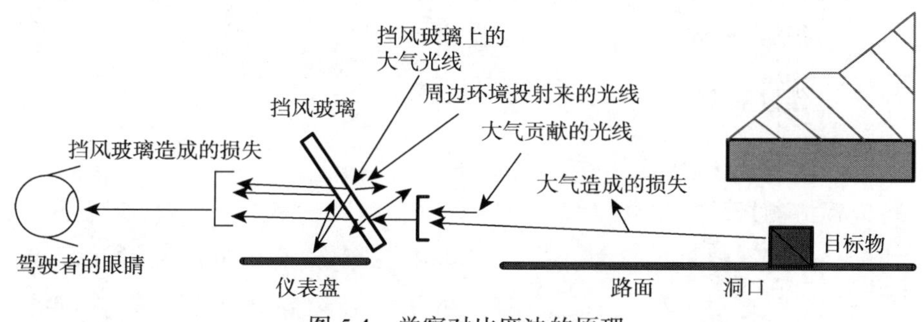

图 5.4　觉察对比度法的原理

驾驶者的视觉任务就是在洞外一个停车视距处断定隧道内其他车辆或者目标物的存在与否。受外界自然光线的影响，驾驶者所觉察的目标物对比度一般低于目标物的固有对比度，目标物的觉察对比度与固有对比度的差值大小至少受到如下因素的影响。

(1) 驾驶者视线方向上大气中的颗粒物散射光线形成的光幕。

(2) 挡风玻璃上的灰尘和污垢散射光线形成的光幕(包括从车辆仪表盘反射的光线)。

(3) 视线外的自然光线在人的眼睛内部散射形成的光幕。

驾驶者能够觉察到的目标物亮度即目标物的觉察亮度，由四部分组成，即经大气和挡风玻璃折减后的目标物亮度、经挡风玻璃折减后的大气亮度、挡风玻璃亮度、视野内物体表面形成的等效光幕亮度。目标物的觉察亮度表达式为

$$L_{\mathrm{o,p}} = \tau_{\mathrm{ws}}\tau_{\mathrm{atm}}L_{\mathrm{o,intrinsic}} + \tau_{\mathrm{ws}}\tau_{\mathrm{atm}} + L_{\mathrm{ws}} + L_{\mathrm{seq}} \tag{5.5}$$

式中，τ_{ws} 为挡风玻璃透光系数；τ_{atm} 为大气透射系数；$L_{\mathrm{o,intrinsic}}$ 为目标物的固有亮度；L_{atm} 为大气的亮度；L_{ws} 为挡风玻璃的亮度；L_{seq} 为等效光幕亮度。

与目标物的觉察亮度组成类似，路面的觉察亮度也是由四部分组成的，其表达式为

$$L_{\mathrm{r,p}} = \tau_{\mathrm{ws}}\tau_{\mathrm{atm}}L_{\mathrm{r,intrinsic}} + \tau_{\mathrm{ws}}\tau_{\mathrm{atm}} + L_{\mathrm{ws}} + L_{\mathrm{seq}} \tag{5.6}$$

式中，$L_{\mathrm{r,intrinsic}}$ 为洞内路面的固有亮度；其他参数意义同前。

在大气光幕亮度、挡风玻璃光幕亮度和等效光幕亮度的影响下，目标物的对比度可以表达为

$$C_{\mathrm{perceived}} = \frac{L_{\mathrm{o,p}} - L_{\mathrm{r,p}}}{L_{\mathrm{r,p}}} \tag{5.7}$$

采用觉察对比度法确定隧道入口段亮度首先要选取或者测量大气的光幕亮度和挡风玻璃的光幕亮度，然后计算隧道洞口周围环境的等效光幕亮度，最后根据最小觉察对比度的值来确定隧道入口人工照明的亮度。

5.3.2 相关参数确定

1. 大气光幕亮度和挡风玻璃光幕亮度

可以通过测量的方法获得大气光幕亮度和挡风玻璃光幕亮度，但是两者的亮度大小受外界因素的干扰较大，一般采用相应的典型值，如表 5.3 所示。如果无法获得当地大气透射系数 τ_{atm} 的值，其值可取 1。挡风玻璃的透射系数一般取 0.8。

表 5.3　大气光幕亮度和挡风玻璃光幕亮度　(单位：cd/m²)

光幕等级	高	中	低
大气光幕亮度	300	200	100
挡风玻璃光幕亮度	200	100	50

2. 计算等效光幕亮度

等效光幕亮度 L_{seq} 可以通过配置“眩光镜头”亮度计在隧道现场直接测量得到，或者在车辆内部采用眩光评估计测量得到。在测量条件不足的情况下，也可以基于 Holladay-Stiles 公式采用图像法进行确定。图像法的基本步骤如下。

(1) 绘制如图 5.5 所示的极坐标图，图中每个环的视锥角如表 5.4 所示。每个扇区被视作单独的眩光源，其产生的散射光与 E_{Gli}/θ_i^2 呈线性关系，也就是说当任意两个扇区的亮度相同时，它们产生的散射光的量是相等的。在计算 L_{seq} 时应将视锥角 2.0° 的中心区排除在外，因为这一部分会影响视网膜中心凹的适应状态。

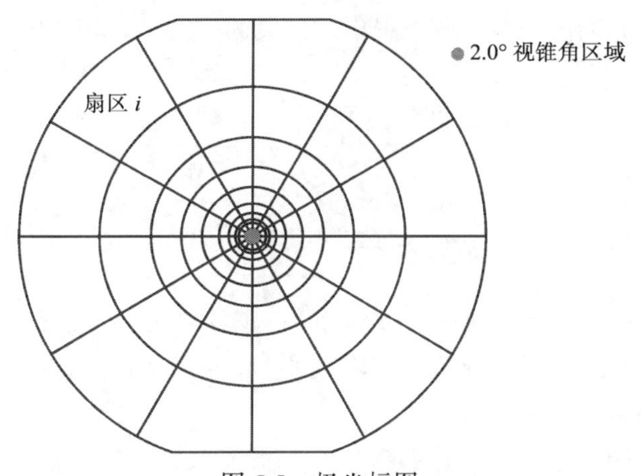

图 5.5　极坐标图

表 5.4　极坐标中的角度关系

环	中心	1	2	3	4	5	6	7	8	9
视锥角/(°)	2.0	3.0	4.0	5.8	8.0	11.6	16.6	24.0	36.0	56.8

(2) 在隧道洞口外一个停车视距处采集洞口周边环境的图像，包括洞口、路面、山体和天空等要素。

(3) 以隧道的洞口净高为参考，通过计算机图形图像技术将极坐标图成比例地叠加到隧道现场采集的图像上，极坐标的中心放置在图像上隧道洞口的中心位置。

(4) 计算极坐标图中每个扇区的平均亮度 L_{ij}，将挡风玻璃的因素考虑进去，得到车内人眼能够感受到的每个扇区的亮度：

$$L_{ije} = \tau_{ws} L_{ij} + L_{ws} \tag{5.8}$$

当无法测得隧道洞外的各种表面亮度时，可以结合当地条件采用表 5.2 中的亮度数据。

(5) 利用 Holladay-Stiles 公式计算等效光幕亮度：

$$L_{seq}=5.1\times10^{-4}\sum L_{ije} \tag{5.9}$$

3. 确定最小觉察对比度

目前有数种确定最小觉察对比度的方法，国际照明委员会在 *Guide for the Lighting of Road Tunnels and Underpasses*(CIE 88—2004)中推荐将 28% 作为最小觉察对比度。

4. 计算入口段亮度

基于以上三方面的内容，可以得出入口段的亮度计算公式为

$$L_{th}=\frac{L_m}{\dfrac{1}{C_m}\left(\dfrac{\rho}{\pi qc}-1\right)-1} \tag{5.10}$$

$$L_m=\frac{\tau_{ws} L_{atm} + L_{ws} + L_{seq}}{\tau_{ws}\tau_{atm}} \tag{5.11}$$

式中，ρ 为目标物表面反射系数；C_m 为最小觉察对比度；L_{atm} 为大气的亮度。如前所述，其绝对值为28%，大多数情况下认为对比度是负的(对比显示系数 q_c 大于 0.06，目标物的反射系数 ρ 等于 0.2)。

当采用逆光照明时，对比显示系数 q_c 的值取 0.6，当采用对称照明时，对比显示系数 q_c 的值取 0.2。因此，照明类型对入口段的亮度需求具有一定的影响。

5.3.3 觉察对比度法算例

通过对比度法计算入口段亮度，需要经过如下步骤。

(1) 绘制计算 L_{seq} 的简图。以已运营通车的一座高速公路隧道为例，如图 5.6 所示，隧道基本为东西走向。在本例中，最高和最低的四个扇区没有考虑在内，因为它们处于驾驶者的视线之外。与其他区域相比，洞口的亮度较小，因此在计算过程中也没有考虑洞口亮度的影响。

(2) 计算用于计算 L_{seq} 的 L_{ij} 矩阵，表 5.5~表 5.16 给出了计算过程和数据。

图 5.6　L_{seq} 计算简图

(3) 计算用于计算 L_{seq} 的 L_{ije} 矩阵，如表 5.17 所示。

矩阵 L_{ij} 的每个元素均乘以挡风玻璃透光系数 0.8，再加上挡风玻璃的光幕亮度，这里挡风玻璃的光幕亮度取表 5.3 中的中间值 100cd/m^2，如表 5.18 所示。计算 L_{ije} 的值为 264144cd/m^2。

(4) 根据 Holladay-Stiles 公式计算 L_{seq}：

$$L_{seq}=5.1\times10^{-4}\times264144=134.71\ (\text{cd/m}^2)$$

(5) 计算入口段亮度 L_{th}。根据式(5.10)计算 L_m=493.39 cd/m^2，当采用逆光照明时，入口段亮度的值为

$$L_{th}=\frac{L_m}{\dfrac{1}{C_m}\left(\dfrac{\rho}{\pi q_c}-1\right)-1}=\frac{493.39}{\dfrac{1}{-0.28}\left(\dfrac{0.2}{0.6\pi}-1\right)-1}=255.04(\text{cd/m}^2)$$

当采用对称光照明时，入口段亮度的值为

$$L_{th}=\frac{L_m}{\dfrac{1}{C_m}\left(\dfrac{\rho}{\pi q_c}-1\right)-1}=\frac{493.39}{\dfrac{1}{-0.28}\left(\dfrac{0.2}{0.2\pi}-1\right)-1}=343.92(\text{cd/m}^2)$$

表 5.5　扇区 1 数据

1		2		3		4		5		6		7		8		9	
	0		0		2250		1350		3000		1500		1500		1500		0
Sky	0%	Sky	0%	Sky	0%	Sky	0%	Sky	0%	Sky	0%	Sky	0%	Sky	0%	Sky	0%
Road	0%	Road	0%	Road	0%	Road	0%	Road	0%	Road	0%	Road	0%	Road	0%	Road	0%
Rocks	0%	Rocks	0%	Rocks	0%	Rocks	0%	Rocks	0%	Rocks	0%	Rocks	0%	Rocks	0%	Rocks	0%
Building	0%	Building	0%	Building	50%	Building	30%	Building	50%	Building	0%	Building	0%	Building	0%	Building	0%
Snow	0%	Snow	0%	Snow	0%	Snow	0%	Snow	0%	Snow	0%	Snow	0%	Snow	0%	Snow	0%
Meadows	0%	Meadows	0%	Meadows	0%	Meadows	0%	Meadows	50%	Meadows	100%	Meadows	100%	Meadows	100%	Meadows	0%
Tunnel	100%	Tunnel	100%	Tunnel	50%	Tunnel	0%	Tunnel	0%	Tunnel	0%	Tunnel	0%	Tunnel	0%	Tunnel	0%

表 5.6　扇区 2 数据

1		2		3		4		5		6		7		8		9	
	0		0		2250		4500		4500		3000		1500		1500		1500
Sky	0%	Sky	0%	Sky	0%	Sky	0%	Sky	0%	Sky	0%	Sky	0%	Sky	0%	Sky	0%
Road	0%	Road	0%	Road	0%	Road	0%	Road	0%	Road	0%	Road	0%	Road	0%	Road	0%
Rocks	0%	Rocks	0%	Rocks	0%	Rocks	0%	Rocks	0%	Rocks	0%	Rocks	0%	Rocks	0%	Rocks	0%
Building	0%	Building	0%	Building	50%	Building	100%	Building	100%	Building	50%	Building	0%	Building	0%	Building	0%
Snow	0%	Snow	0%	Snow	0%	Snow	0%	Snow	0%	Snow	0%	Snow	0%	Snow	0%	Snow	0%
Meadows	0%	Meadows	0%	Meadows	0%	Meadows	0%	Meadows	0%	Meadows	50%	Meadows	100%	Meadows	100%	Meadows	100%
Tunnel	100%	Tunnel	100%	Tunnel	50%	Tunnel	0%	Tunnel	0%	Tunnel	0%	Tunnel	0%	Tunnel	0%	Tunnel	0%

表 5.7　扇区 3 数据

1		2		3		4		5		6		7		8		9	
	0		0		900		4500		4500		2700		3250		1550		1500
Sky	0%	Sky	0%	Sky	0%	Sky	0%	Sky	0%	Sky	0%	Sky	10%	Sky	0%	Sky	0%
Road	0%	Road	0%	Road	0%	Road	0%	Road	0%	Road	0%	Road	0%	Road	0%	Road	0%
Rocks	0%	Rocks	0%	Rocks	0%	Rocks	0%	Rocks	0%	Rocks	0%	Rocks	30%	Rocks	10%	Rocks	0%
Building	0%	Building	0%	Building	20%	Building	100%	Building	100%	Building	40%	Building	20%	Building	0%	Building	0%
Snow	0%	Snow	0%	Snow	0%	Snow	0%	Snow	0%	Snow	0%	Snow	0%	Snow	0%	Snow	0%
Meadows	0%	Meadows	0%	Meadows	0%	Meadows	0%	Meadows	0%	Meadows	60%	Meadows	10%	Meadows	90%	Meadows	100%
Tunnel	100%	Tunnel	100%	Tunnel	80%	Tunnel	0%	Tunnel	0%	Tunnel	0%	Tunnel	0%	Tunnel	0%	Tunnel	10%

表 5.8　扇区 4 数据

1		2		3		4		5		6		7		8		9	
	0		0		300		2700		3300		2250		2250		2700		2100
Sky	0%	Sky	0%	Sky	0%	Sky	0%	Sky	0%	Sky	0%	Sky	0%	Sky	0%	Sky	0%
Road	0%	Road	0%	Road	10%	Road	0%	Road	80%	Road	50%	Road	50%	Road	0%	Road	40%
Rocks	0%	Rocks	0%	Rocks	0%	Rocks	0%	Rocks	0%	Rocks	0%	Rocks	0%	Rocks	0%	Rocks	0%
Building	0%	Building	0%	Building	0%	Building	60%	Building	20%	Building	0%	Building	0%	Building	40%	Building	0%
Snow	0%	Snow	0%	Snow	0%	Snow	0%	Snow	0%	Snow	0%	Snow	0%	Snow	0%	Snow	0%
Meadows	0%	Meadows	0%	Meadows	0%	Meadows	0%	Meadows	0%	Meadows	50%	Meadows	50%	Meadows	60%	Meadows	60%
Tunnel	100%	Tunnel	100%	Tunnel	100%	Tunnel	40%	Tunnel	0%	Tunnel	0%	Tunnel	0%	Tunnel	0%	Tunnel	0%

表 5.9　扇区 5 数据

1		2		3		4		5		6		7		8		9	
	0		0		300		5400		3000		3000		3000		3000		3000
Sky	0%	Sky	0%	Sky	0%	Sky	0%	Sky	0%	Sky	0%	Sky	0%	Sky	0%	Sky	0%
Road	0%	Road	0%	Road	10%	Road	90%	Road	100%	Road	100%	Road	100%	Road	100%	Road	100%
Rocks	0%	Rocks	0%	Rocks	0%	Rocks	0%	Rocks	0%	Rocks	0%	Rocks	0%	Rocks	0%	Rocks	0%
Building	0%	Building	0%	Building	0%	Building	60%	Building	0%	Building	0%	Building	0%	Building	0%	Building	0%
Snow	0%	Snow	0%	Snow	0%	Snow	0%	Snow	0%	Snow	0%	Snow	0%	Snow	0%	Snow	0%
Meadows	0%	Meadows	0%	Meadows	0%	Meadows	0%	Meadows	0%	Meadows	0%	Meadows	0%	Meadows	0%	Meadows	0%
Tunnel	100%	Tunnel	100%	Tunnel	90%	Tunnel	20%	Tunnel	0%	Tunnel	0%	Tunnel	0%	Tunnel	0%	Tunnel	0%

表 5.10　扇区 6 数据

1		2		3		4		5		6		7		8		9	
	0		3000		2700		3000		3000		3000		3000		3000		0
Sky	0%	Sky	0%	Sky	0%	Sky	0%	Sky	0%	Sky	0%	Sky	0%	Sky	0%	Sky	0%
Road	0%	Road	100%	Road	90%	Road	100%	Road	100%	Road	100%	Road	100%	Road	100%	Road	0%
Rocks	0%	Rocks	0%	Rocks	0%	Rocks	0%	Rocks	0%	Rocks	0%	Rocks	0%	Rocks	0%	Rocks	0%
Building	0%	Building	0%	Building	0%	Building	0%	Building	0%	Building	0%	Building	0%	Building	0%	Building	0%
Snow	0%	Snow	0%	Snow	0%	Snow	0%	Snow	0%	Snow	0%	Snow	0%	Snow	0%	Snow	0%
Meadows	0%	Meadows	0%	Meadows	0%	Meadows	0%	Meadows	0%	Meadows	0%	Meadows	0%	Meadows	0%	Meadows	0%
Tunnel	100%	Tunnel	0%	Tunnel	10%	Tunnel	0%	Tunnel	0%	Tunnel	0%	Tunnel	0%	Tunnel	0%	Tunnel	0%

表 5.11　扇区 7 数据

1		2		3		4		5		6		7		8		9	
	0		0		300		3000		3000		3000		3000		3000		0
Sky	0%	Sky	0%	Sky	0%	Sky	0%	Sky	0%	Sky	0%	Sky	0%	Sky	0%	Sky	0%
Road	0%	Road	0%	Road	10%	Road	100%	Road	100%	Road	100%	Road	100%	Road	100%	Road	0%
Rocks	0%	Rocks	0%	Rocks	0%	Rocks	0%	Rocks	0%	Rocks	0%	Rocks	0%	Rocks	0%	Rocks	0%
Building	0%	Building	0%	Building	0%	Building	0%	Building	0%	Building	0%	Building	0%	Building	0%	Building	0%
Snow	0%	Snow	0%	Snow	0%	Snow	0%	Snow	0%	Snow	0%	Snow	0%	Snow	0%	Snow	0%
Meadows	0%	Meadows	0%	Meadows	0%	Meadows	0%	Meadows	0%	Meadows	0%	Meadows	0%	Meadows	0%	Meadows	0%
Tunnel	100%	Tunnel	100%	Tunnel	90%	Tunnel	0%	Tunnel	0%	Tunnel	0%	Tunnel	0%	Tunnel	0%	Tunnel	0%

表 5.12　扇区 8 数据

1		2		3		4		5		6		7		8		9	
	0		0		2700		2400		2925		3000		3000		3000		3000
Sky	0%	Sky	0%	Sky	0%	Sky	0%	Sky	0%	Sky	0%	Sky	0%	Sky	0%	Sky	0%
Road	0%	Road	0%	Road	90%	Road	80%	Road	95%	Road	100%	Road	100%	Road	100%	Road	100%
Rocks	0%	Rocks	0%	Rocks	0%	Rocks	0%	Rocks	0%	Rocks	0%	Rocks	0%	Rocks	0%	Rocks	0%
Building	0%	Building	0%	Building	0%	Building	0%	Building	0%	Building	0%	Building	0%	Building	0%	Building	0%
Snow	0%	Snow	0%	Snow	0%	Snow	0%	Snow	0%	Snow	0%	Snow	0%	Snow	0%	Snow	0%
Meadows	0%	Meadows	0%	Meadows	0%	Meadows	0%	Meadows	5%	Meadows	0%	Meadows	0%	Meadows	0%	Meadows	0%
Tunnel	100%	Tunnel	100%	Tunnel	90%	Tunnel	20%	Tunnel	0%	Tunnel	0%	Tunnel	0%	Tunnel	0%	Tunnel	0%

表 5.13　扇区 9 数据

1		2		3		4		5		6		7		8		9	
	0		0		0		3150		4175		2700		2250		2400		2550
Sky	0%	Sky	0%	Sky	0%	Sky	0%	Sky	0%	Sky	0%	Sky	0%	Sky	0%	Sky	0%
Road	0%	Road	0%	Road	0%	Road	0%	Road	5%	Road	30%	Road	50%	Road	60%	Road	70%
Rocks	0%	Rocks	0%	Rocks	0%	Rocks	0%	Rocks	10%	Rocks	30%	Rocks	0%	Rocks	0%	Rocks	0%
Building	0%	Building	0%	Building	0%	Building	70%	Building	85%	Building	20%	Building	0%	Building	0%	Building	0%
Snow	0%	Snow	0%	Snow	0%	Snow	0%	Snow	0%	Snow	0%	Snow	0%	Snow	0%	Snow	0%
Meadows	0%	Meadows	0%	Meadows	0%	Meadows	0%	Meadows	0%	Meadows	20%	Meadows	50%	Meadows	40%	Meadows	30%
Tunnel	100%	Tunnel	100%	Tunnel	100%	Tunnel	30%	Tunnel	0%	Tunnel	0%	Tunnel	0%	Tunnel	10%	Tunnel	0%

表 5.14　扇区 10 数据

1		2		3		4		5		6		7		8		9	
	0		0		2250		4500		4500		3600		1800		1500		1500
Sky	0%	Sky	0%	Sky	0%	Sky	0%	Sky	0%	Sky	0%	Sky	0%	Sky	0%	Sky	0%
Road	0%	Road	0%	Road	0%	Road	0%	Road	0%	Road	0%	Road	0%	Road	0%	Road	0%
Rocks	0%	Rocks	0%	Rocks	0%	Rocks	0%	Rocks	0%	Rocks	0%	Rocks	0%	Rocks	0%	Rocks	0%
Building	0%	Building	0%	Building	50%	Building	100%	Building	100%	Building	70%	Building	10%	Building	0%	Building	0%
Snow	0%	Snow	0%	Snow	0%	Snow	0%	Snow	0%	Snow	0%	Snow	0%	Snow	0%	Snow	0%
Meadows	0%	Meadows	0%	Meadows	0%	Meadows	0%	Meadows	0%	Meadows	30%	Meadows	90%	Meadows	100%	Meadows	100%
Tunnel	100%	Tunnel	100%	Tunnel	50%	Tunnel	0%	Tunnel	0%	Tunnel	0%	Tunnel	0%	Tunnel	0%	Tunnel	0%

表 5.15　扇区 11 数据

1		2		3		4		5		6		7		8		9	
	0		0		2700		4500		4200		3600		1500		1500		3600
Sky	0%	Sky	0%	Sky	0%	Sky	0%	Sky	0%	Sky	0%	Sky	0%	Sky	0%	Sky	15%
Road	0%	Road	0%	Road	0%	Road	0%	Road	0%	Road	0%	Road	0%	Road	0%	Road	0%
Rocks	0%	Rocks	0%	Rocks	0%	Rocks	0%	Rocks	0%	Rocks	0%	Rocks	0%	Rocks	0%	Rocks	0%
Building	0%	Building	0%	Building	60%	Building	100%	Building	90%	Building	70%	Building	0%	Building	0%	Building	0%
Snow	0%	Snow	0%	Snow	0%	Snow	0%	Snow	0%	Snow	0%	Snow	0%	Snow	0%	Snow	0%
Meadows	0%	Meadows	0%	Meadows	0%	Meadows	0%	Meadows	10%	Meadows	30%	Meadows	100%	Meadows	100%	Meadows	80%
Tunnel	100%	Tunnel	100%	Tunnel	40%	Tunnel	0%	Tunnel	0%	Tunnel	0%	Tunnel	0%	Tunnel	0%	Tunnel	0%

表 5.16　扇区 12 数据

1		2		3		4		5		6		7		8		9	
	0		0		3600		4650		2700		1500		1500		1500		0
Sky	0%	Sky	0%	Sky	0%	Sky	0%	Sky	0%	Sky	0%	Sky	0%	Sky	0%	Sky	0%
Road	0%	Road	0%	Road	0%	Road	0%	Road	0%	Road	0%	Road	0%	Road	0%	Road	0%
Rocks	0%	Rocks	0%	Rocks	0%	Rocks	0%	Rocks	0%	Rocks	0%	Rocks	0%	Rocks	0%	Rocks	0%
Building	0%	Building	0%	Building	80%	Building	100%	Building	40%	Building	0%	Building	0%	Building	0%	Building	0%
Snow	0%	Snow	0%	Snow	0%	Snow	0%	Snow	0%	Snow	0%	Snow	0%	Snow	0%	Snow	0%
Meadows	0%	Meadows	0%	Meadows	0%	Meadows	10%	Meadows	60%	Meadows	100%	Meadows	100%	Meadows	100%	Meadows	0%
Tunnel	100%	Tunnel	100%	Tunnel	20%	Tunnel	0%	Tunnel	0%	Tunnel	0%	Tunnel	0%	Tunnel	0%	Tunnel	0%

表 5.17　各扇区的平均亮度

扇区	环号									合计
	1	2	3	4	5	6	7	8	9	
1	0	0	2250	1350	3000	1500	1500	1500	0	11100
2	0	0	2250	4500	4500	3000	1500	1500	1500	18750
3	0	0	900	4500	4500	2700	3250	1550	1500	18900
4	0	0	300	2700	3300	2250	2250	2700	2100	15600
5	0	0	300	5400	3000	3000	3000	3000	3000	20700
6	0	3000	2700	3000	3000	3000	3000	3000	0	20700
7	0	0	300	3000	3000	3000	3000	3000	0	15300
8	0	0	2700	2400	2925	3000	3000	3000	3000	20025
9	0	0	0	3150	4175	2700	2250	2400	2550	17225
10	0	0	2250	4500	4500	3600	1800	1500	1500	19650
11	0	0	2700	4500	4200	3600	1500	1500	3600	21600
12	0	0	3600	4650	2700	1500	1500	1500	0	15450
L_{ij}										215000

表 5.18　用于 L_{seq} 评估的 L_{ije} 矩阵

扇区	环号									合计
	1	2	3	4	5	6	7	8	9	
1	100	100	1900	1180	2500	1300	1300	1300	100	9780
2	100	100	1900	3700	3700	2500	1300	1300	1300	15900
3	100	100	820	3700	3700	2260	2700	1340	1300	16020
4	100	100	340	2260	2740	1900	1900	2260	1780	13380
5	100	100	340	4420	2500	2500	2500	2500	2500	17460
6	100	2500	2260	2500	2500	2500	2500	2500	100	17460
7	100	100	340	2500	2500	2500	2500	2500	100	13140
8	100	100	2260	2020	2440	2500	2500	2500	2500	16920
9	100	100	100	2620	3440	2260	1900	2020	2140	14680
10	100	100	1900	3700	3700	2980	1540	1300	1300	16620
11	100	100	2260	3700	3460	2980	1300	1300	2980	18180
12	100	100	2980	3820	2260	1300	1300	1300	100	13260
L_{ije}										182800

5.4　SRN 法确定入口段亮度

隧道的入口段照明条件尽管在视觉上能够满足目标物的识别标准，但是驾驶者在进入时仍然会感觉隧道的入口好像是一个黑洞，在这种负面效应下，驾驶者无法确定洞内的情况，潜意识认为进入隧道内是不安全的，进而产生“不安”的情绪。等效光幕亮度 L_{seq} 与入口段亮度 L_{th} 之间的相对关系对驾驶者的信心有重要的影响，采用 SRN 作为辅助指标来确定 L_{th} 的大小。SRN 指标共分为 5 个等级，分值为 1、3、5、7、9，分别代表驾驶者对隧道洞内的信息状态，如表 5.19 所示。

表 5.19　SRN 的值与相应标准

SRN	标准	备注
1	黑色的洞口	完全不可接受
3	不充足	洞口太黑，进入时没有充分的安全
5	可以接受	感到安全驶入的下限
7	好	驶入时感到安全
9	出色	具有很好的视觉条件

等效光幕亮度 L_{seq}、隧道入口段亮度 L_{th}、SRN 之间的关系如下：

$$L_{th} = L_{seq} \times 10^{(\mathrm{SRN}-4.1)/6} \tag{5.12}$$

目标物对比度 C 对入口段亮度 L_{th} 具有显著的影响。等效光幕亮度 L_{seq}、隧道入口段亮度 L_{th}、SRN 对比度 C 之间的关系如图 5.7 所示，图中的虚线为实验室数据拟合曲线。

主观评价值 SRN 与对比度 C 的关系如图 5.8 所示，可见目标物的对比度与主观评价值之间有非常明显的相关关系，因此可以采用目标物的最小觉察对比度来换算主观评价值。在国际照明委员会 *Guide for the Lighting of Road Tunnels and Underpasses* (CIE 88—1990) 中建议选取主观评价值 SRN 值等于 5 时来确定入口段的亮度，从图 5.8 可以得到等效光幕亮度 L_{seq} 与隧道入口段亮度 L_{th} 的关系为

$$L_{th} = 1.4L_{seq} \tag{5.13}$$

其适用条件为停车视距为 60~160m，不考虑入口隧道照明类型的影响。

入口段的长度至少等于一个停车视距 SD，入口段前半段的亮度应等于入口段亮度 L_{th}，后半段的亮度可以从 L_{th} 线性减少至入口段亮度的 40%。

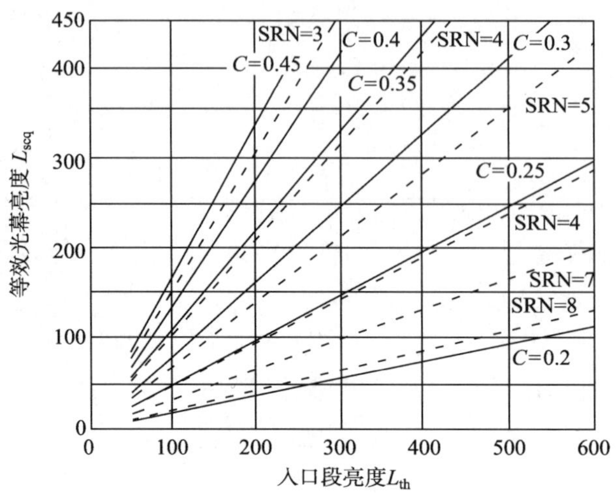

图 5.7　入口段亮度、等效光幕亮度之间的关系

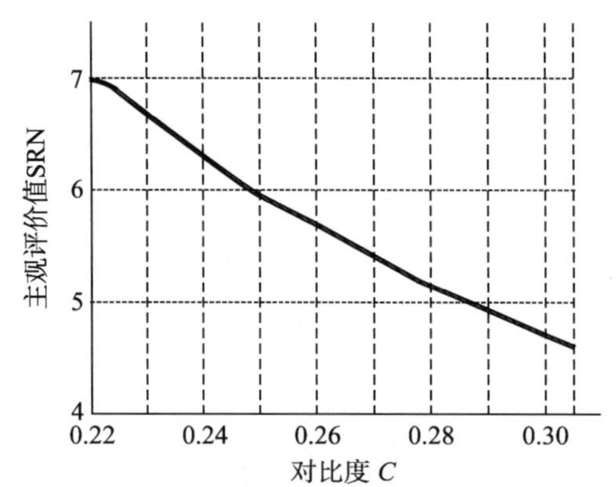

图 5.8　主观评价值 SRN 与对比度 C 的关系

5.5　洞外减光棚洞

在隧道洞口前方的路面上方应设置适当形式和长度的棚洞，从隧道照明的角度来看，把棚洞视为隧道的一部分，棚洞的起点即隧道的入口。棚洞的格栅和减光膜(板)允许部分自然光线透射至棚下的路面上，为入口段提供充足的光通量，满足入口段照明亮度的需求，可以节约大量的电能。

减光棚洞从减光材料上可以分为格栅式和密封式两种。

1. 格栅式减光棚洞

格栅式减光棚洞如图 5.9 所示，采用混凝土或者金属制作成具有一定高度和宽度的框架，沿路线纵向或者横向布置在车道上方，自然光线通过格栅间的空隙透射到其下的路面上。这种减光棚洞的优点在于透光率相对稳定，格栅材料本身的材质变化不会影响棚洞的透光率，但这种结构会在路面上留下明暗相间的条纹或者网格，具有明显的频闪效应，给驾驶者带来视觉干扰。在晴天自然光线较强的时段，当太阳光直射至路面时，路面上亮度较高的区域会形成较为严重的失能眩光。

图 5.9　格栅式减光棚洞

2. 密封式减光棚洞

密封式减光棚洞如图 5.10 所示，其顶部和两侧一定高度的范围内用材料封闭，密封材料具有一定的透光率，自然光线通过密封材料后均匀地照射到棚下的路面上，路面的亮度均匀度较好。密封式减光棚洞的缺点是密封材料的透光率受灰尘、油烟的影响较大，需要经常维护。

图 5.10　密封式减光棚洞

减光棚洞下的路面亮度随着外界自然光线强度的变化而变化。在晴天时，棚下路面的平均亮度应不大于等效光幕亮度 L_{seq} 的 6 倍；在阴天时，棚下路面的亮度不小于等效光幕亮度的 2 倍。

5.6 亮度控制

隧道入口段和过渡段的亮度等级与接近段的亮度相关，接近段的亮度随季节、天气和时段而变化，因此隧道入口段和过渡段的亮度需求也会发生相应的变化，为了适应这种变化，有必要对入口段和过渡段的照明系统进行亮度的控制。对于减光棚洞，棚洞下的亮度随着外界自然光亮度的变化而自动变化。对于人工照明，需要通过连续调光系统或者分级回路实现亮度的调节，目前隧道照明系统一般分为 6 个亮度等级。

为了实现入口段和过渡段精确的亮度控制，必须采用亮度计对接近段的亮度进行连续监测。亮度计一般放置在距洞口一个停车视距处，探测镜头瞄准隧道洞口，高度应在路面或者硬路肩上方 2~5m 的范围内。

通过洞外亮度计测得接近段亮度，就可以求出洞内的需求亮度。由于受灯具性能波动、墙壁反射率衰减的影响，需求亮度和实际亮度必然存在一定的差距，为了尽量缩小这一差距，有必要在隧道内设置第二个亮度计，隧道加强照明的亮度控制流程如图 5.11 所示。根据隧道的实际情况，亮度计的高度不可能与驾驶者的眼睛高度相近，因此，亮度计的高度需在隧道建筑界限的高度之上。由此可知，亮度计测得的亮度与驾驶者感受到的亮度是不同的，可以通过校正系数来消除两者之间的差别。

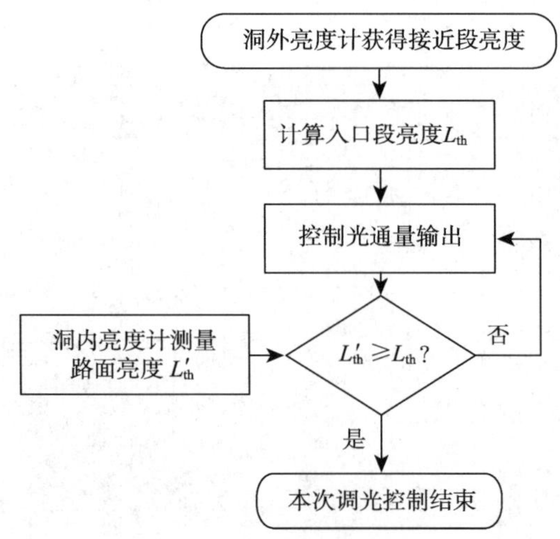

图 5.11　隧道加强照明的亮度控制流程

5.7　过渡段照明

5.7.1　过渡段亮度

在过渡段，路面亮度逐渐从入口段亮度 L_{th} 过渡到中间段亮度 L_{in}。在过渡段内，亮度变化与行驶时间的关系如下：

$$L_{tr} = L_{th}(1.9+t)^{-1.4} = L_{th}\left(1.9+\frac{d}{v}\right)^{-1.4} \tag{5.14}$$

式中，L_{tr} 为过渡段亮度，cd/m^2；t 为从过渡段开始起，在过渡段内驾驶经历的时间，s；d 为计算点距过渡段起点的距离，m；v 为行车速度，m/s。

在过渡段需要经历的必要时间也可通过图 5.12 获得，从图中可以看出，当中间段的亮度 L_{in} 为入口段亮度 L_{th} 的 1%时，过渡段行驶的时间约为 25s；当亮度比例分别为 2% 和 3% 时，过渡段的行驶时间减小为 14.4s 和 10.3s。

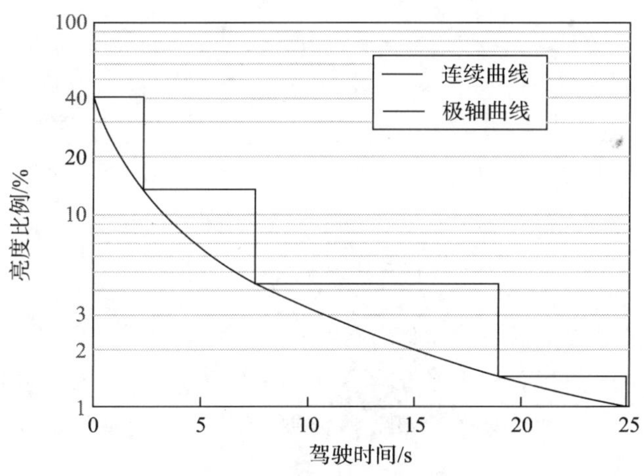

图 5.12　过渡段亮度变化曲线

当过渡段的亮度无法实现连续变化时，可以采用梯级曲线代替，每个梯级的亮度值与下一梯级的亮度值的比值不大于 3，最后一个梯级的亮度值必须大于中间段亮度的 2 倍，同时保证梯级曲线位于连续曲线的上方。

过渡段内的亮度从 L_{th} 到 L_{in} 的变化过程中，如果降低的速率过快，就会产生后像效应(after-images)，从而影响驾驶者对目标物的识别。生活中的后像效应很多，它是人眼的一种错觉，具体表现为亮度对比度或和颜色的反转。例如，人眼凝视墙上黑色钟框、白色钟面的钟 30s，当转向凝视旁边空白的墙壁时，就会看见一个黑色镜面与白色钟框的影像出现，如图 5.13 所示。

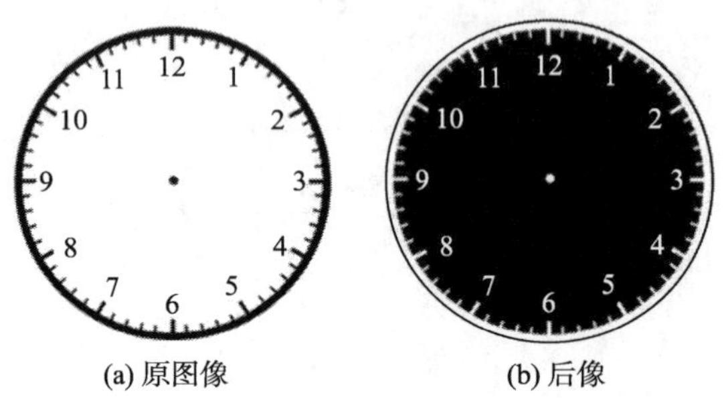

(a) 原图像　　(b) 后像

图 5.13　后像效应

5.7.2　过渡段长度

在过渡段的终点，其亮度与中间段的亮度相等，即

$$L_{\text{in}} = L_{\text{th}}(1.9+t)^{-1.4} \tag{5.15}$$

进一步可得

$$t = \left(\frac{L_{\text{in}}}{L_{\text{th}}}\right)^{-5/7} - 1.9 \tag{5.16}$$

由速度与距离的关系可得

$$s = vt = v\left[\left(\frac{L_{\text{in}}}{L_{\text{th}}}\right)^{-5/7} - 1.9\right] \tag{5.17}$$

式中，s 为过渡段长度，m；v 为设计速度，m/s。

从式(5.17)可以看出，过渡段的长度由设计速度、入口段亮度和中间段亮度决定。在过渡段内，驾驶者的视野由隧道内壁构成，为了避免出现二次黑洞效应，过渡段的长度宜长不宜短。

5.8　出口段照明与加强照明

1. 出口段照明

驾驶者通过中间段后，为确保驾驶者能够觉察到前方的车辆和通过后视镜观察到车后的情况，有必要在出口段设置照明。在白天，从中间段的终点开始，在一个停车视距 SD 的长度上，出口段的亮度应从中间段亮度线性增加至中间段亮度的 5 倍，如图 5.14 所示。出口段的灯具布置形式应与中间段灯具布置形式一致。

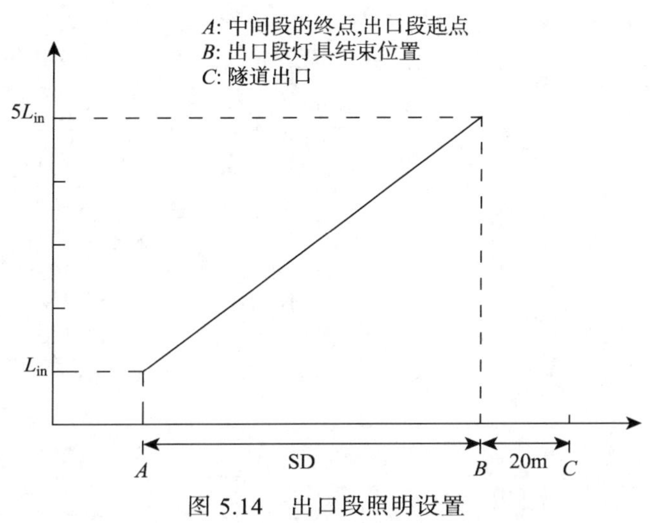

图 5.14　出口段照明设置

2. 加强照明类型及灯具选择

在隧道加强照明的区段，驾驶者的眼睛在短时间内经历由亮到暗的亮度环境的急剧变化，在此过程中视觉功能大大下降，对目标物的识别尚且困难，更谈不上视觉的舒适性。因此，隧道加强照明区段的首要功能是保证安全性，即保证目标物(障碍物)的可见度。从可见度的最大化角度出发，采用逆光照明是最合理的照明类型，其次是采用对称照明类型。

由于隧道加强照明区段对路面亮度等级的要求较高，宜选择整灯光效高、光通量能够无级输出的 LED 灯具。应用于隧道加强照明的 LED 灯具的色温不宜过高，中午时分的太阳色温约为 5500K，为了保证洞内外光环境色温的协调，LED 灯具的色温不宜高于 5500K。

参 考 文 献

CEN. 2003. CR 14380—2003　Lighting Applications—Tunnel Lighting[S]. Brussels: European Committee for standardization.

Huang T S, Luo F. 2006. Energy saving tunnel lighting system based on PLC[C]. China International Conference on Electricity Distribution, Beijing: 527-533.

Nagai S, Ishida S, Shinji M, et al. 2005. Energy-saving lighting system for road tunnel[M]// Erdem Y, Solak T. Underground Space Use: Analysis of the Past and Lessons for the Future. London: Taylor & Francis Group.

Pena-Garcia A, Gil-Martín L M, Hernandez-Montes E. 2016. Use of sunlight in road tunnels: An approach to the improvement of light-pipes' efficacy through heliostats[J]. Tunnelling and Underground Space Technology, 60: 135-140.

Schreuder D. 2008. Outdoor Lighting: Physics, Vision and Perception[M]. New York: Springer Science+Business Media.

van Bommel W. 2015. Road Lighting: Fundamentals, Technology and Application[M]. Cham: Springer International Publishing.

Wolf E, Gardiner J S. 1965. Studies on the scatter of light in the dioptric media of the eye as a basis of visual glare[J]. Archives of Ophthalmology, 74(4): 338-345.

第 6 章　隧道中间段照明

6.1　概　　述

驾驶者通过入口段、过渡段后，行驶至中间段时，眼睛基本上适应了隧道内较暗的照明环境，对亮度的需求没有入口段和过渡段高，但为了能够觉察到路面上的障碍物和其他车辆的运行情况，必须保证路面和隧道壁具有一定的亮度等级，与一般道路照明相类似，隧道中间段的路面亮度由停车视距和车流量两个参数确定。

据统计，隧道内发生交通事故的概率并不比洞外一般路段高，但由于隧道内空间狭小，一旦发生交通事故，驾驶者没有空间应对紧急情况，后果比一般路段严重得多，从这个角度来看，隧道内中间段的照明对于降低事故发生率、提高隧道内的行车安全是非常必要的。

影响隧道中间段照明质量的因素主要如下。

(1) 灯具光通量。

(2) 灯具光强空间分布。

(3) 灯具光源的色温、显色性、S/P。

(4) 灯具布置形式。

(5) 灯具纵向布置间距和高度。

(6) 隧道横断面的几何特性。

(7) 路面类型。

(8) 隧道墙壁反射率等。

(9) 隧道内的烟雾浓度。

(10) 驾驶者的年龄和经验。

其中，因素(1)~(5)与灯具的本身特性和安装参数相关，对隧道照明质量的影响最大，具有较大的优化改善空间。

因素(6)~(9)为隧道本身属性和环境条件，是隧道照明系统的基本边界条件，对隧道照明质量有一定的影响，但改变这些边界条件的成本较高。

因素(10)与驾驶者自身条件相关。

本章将介绍隧道灯具布置形式，通过数值仿真方法分析灯具本身特性、安装参数对照明质量的影响；采用数值仿真方法分析隧道墙壁反射率对隧道照明环境的影响，并分析隧道灯具频闪效应及其影响因素。

6.2　中间段亮度等级及布置形式

6.2.1　中间段亮度等级

隧道中间段的亮度等级与停车视距和车流量两个参数相关，当在中间段的行车时间超过 30s 时，可以将隧道中间段分为两个段落，行车时间前 30s 所行驶的距离为第一段，剩余部分为第二段。第二段的亮度等级根据停车视距和车流量进行确定，第二段的亮度等级可以适当降低，两个段落对亮度均匀度、眩光的要求一致，只是第二段的亮度等级低于第一段的亮度等级。

在隧道照明系统中，墙壁和路面共同构成了障碍物的背景，墙壁对于驾驶者的视觉适应有一定的贡献，也对视觉诱导有一定的影响。因此，墙壁的亮度等级是评估隧道照明质量的一个重要指标，路面上方 2m 内的墙壁平均亮度等级应不低于路面平均亮度等级的 60%。

当然，隧道墙壁的亮度也不宜过高，避免与路面形成较大的亮度反差，反而不利于路面上障碍物的识别。在隧道墙壁表面材料的选择上，尽量不选择具有镜面反射特性的材料，因为当车灯的光线照射到这些材料上时，会产生非常明显的镜面反射从而形成眩光源，降低驾驶者的视觉识别能力，同时也降低了行车的舒适性。

6.2.2　灯具布置形式

隧道内中间段的灯具布置形式一般有三种：两侧对称布灯、两侧交错布灯和拱顶偏侧布灯，平面布置如图 6.1 所示，横断面布置如图 6.2 所示。两侧对称布灯和两侧交错布灯形式适用于两车道及以上的隧道，宜采用对称或者顺光照明。拱顶偏侧布灯形式则仅适用于两车道隧道，对称、顺光和逆光三种灯光分布形式均适用于该布灯形式。

当采用回路控制路面亮度时，两侧布置形式的隧道灯具一般分布于 3 个照明回路上，其中 1/4 的照明灯具分配在 1 个回路上，该回路上灯具既作为基本照明灯具，也作为应急照明灯具。采用两侧布灯形式的隧道在灯具日常维护时对交通的干扰小，一般占用一个车道即可进行灯具维护，不必中断隧道交通。

当采用回路控制路面亮度时，拱顶偏侧布置形式的隧道灯具一般平均分布于 3 个照明回路上，其中一个照明回路上的灯具既作为基本照明灯具，又作为应急照明灯具。采用拱顶偏侧布灯形式的隧道在灯具日常维护时对交通的干扰较大，当占用一个车道维护作业时，如果有大车通过，对维护工人的安全造成一定的威胁。采用拱顶偏侧布灯形式，灯具的光通量利用率较高，与两侧布灯形式相比，若隧道灯具的总光通量相同，拱顶偏侧布灯形式的隧道照明系统能够提供更高的路面亮度等级和较高的路面均匀度。

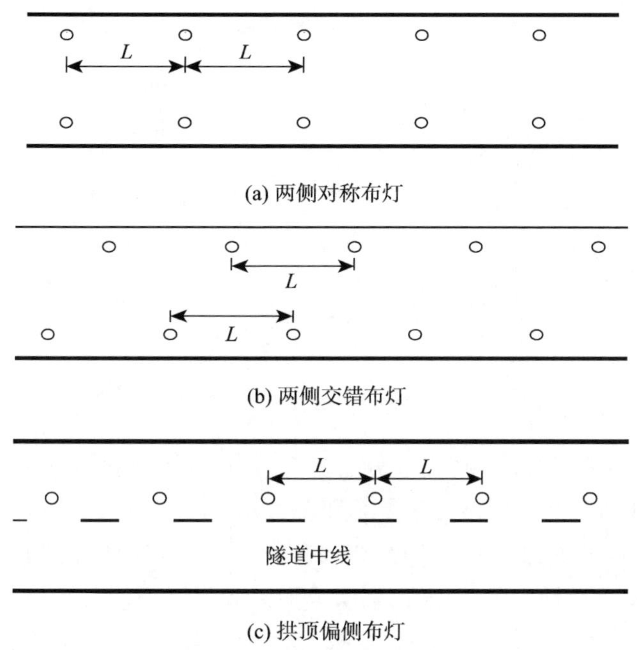

图 6.1　灯具布置形式平面图

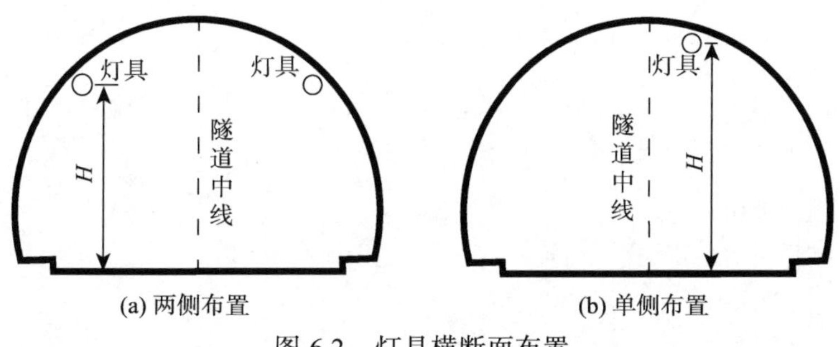

图 6.2　灯具横断面布置

6.3　两侧布灯形式照明特征

6.3.1　分析模型

本节以两车道公路隧道为例分析灯具本身特性和安装参数对照明质量的影响，如图 6.3 所示，行车道的宽度为 8.75m，灯具安装高度为 5.5m，灯具纵向间距为

10m。在横断面内，以竖直线为基准线，灯具的发光面法线角度变化范围为 0°~50°，变化步长为 5°。路面为沥青混凝土，类型为 R3，平均亮度系数 Q_0=0.07，隧道墙壁内表面假设为理想漫反射表面，反射率为 0.3。

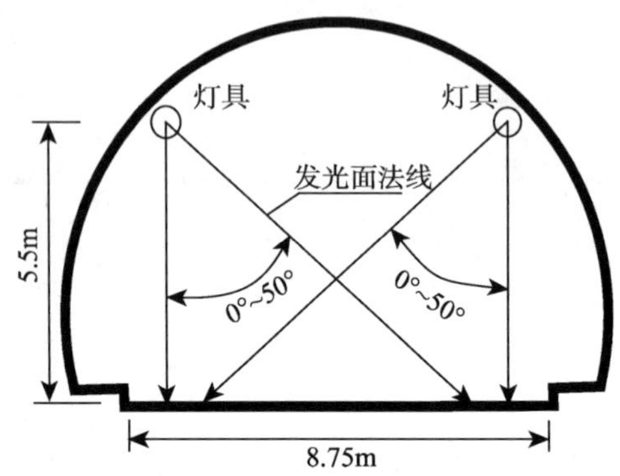

图 6.3　灯具发光面法线角度横向变化范围

在数值分析中选取了 3 种光强分布类型，其 *C*0°~180° 和 *C*90°~270° 平面的配光曲线如图 6.4 所示，3 种光强分布类型在 *C*0°~180° 平面内的配光曲线为轴对称。*C*0°~180° 平面与行车方向平行，*C*90°~270° 平面与行车方向垂直。在数值分析中，3 种灯具的总光通量均取 4950lm，总体维护系数取 0.75。

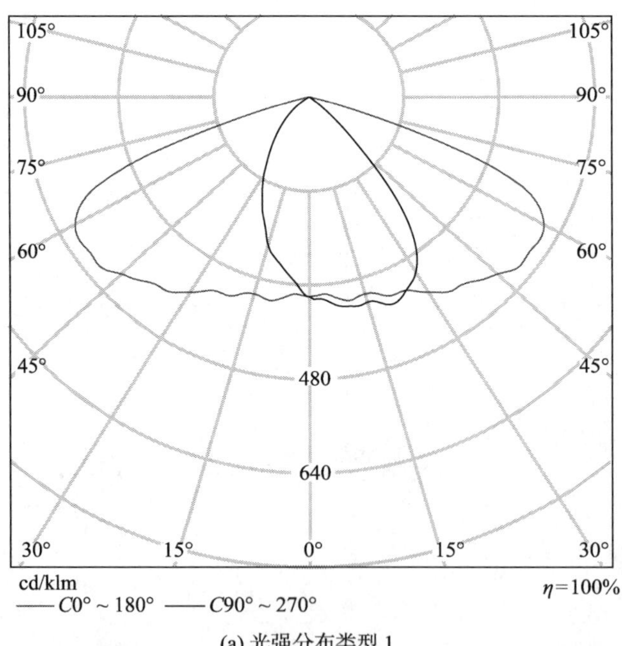

(a) 光强分布类型 1

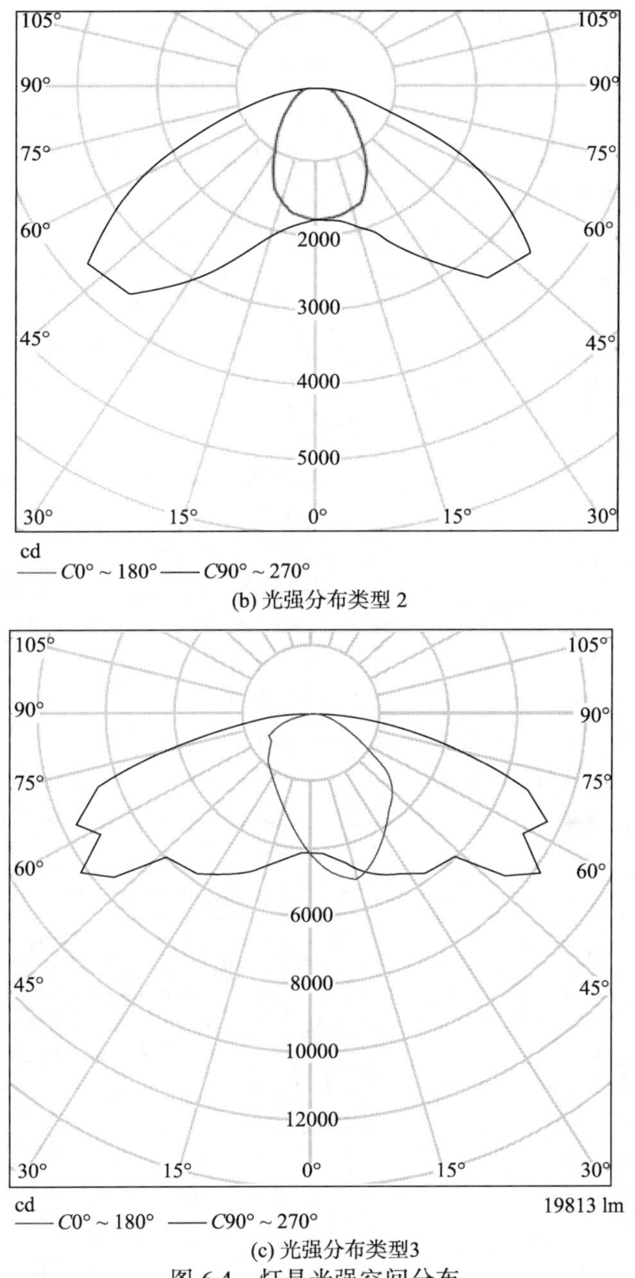

(b) 光强分布类型 2

(c) 光强分布类型3

图 6.4　灯具光强空间分布

6.3.2　照明质量指标

在灯具本身特性和安装参数一致的情况下，当灯具全部开启时，两侧交错和两侧对称灯具布置形式的照明质量指标基本一致，行车道和超车道上的照明质量指标也基本一致，以下均为两侧交错灯具布置形式下的其中一个车道的计算结果。

表 6.1 为路面平均照度、平均亮度、照度与亮度比值、灯具发光面法向角度之间的关系表；图 6.5~图 6.7 为路面平均亮度、路面平均照度、阈值增量 TI、灯具发光面法向角度之间的关系曲线。因此，可以得出以下结论。

(1) 在总光通量相同，即消耗电能相同的情况下，灯具的光强空间分布对路面的亮度有显著影响，采用光强分布类型 3 照明系统的路面最大亮度分别比光强分布类型 1 和光强分布类型 2 的照明系统最大亮度高出 27%和 13%。

表 6.1　路面平均照度、平均亮度、照度/亮度比值

法向角度/(°)	光强分布类型 1			光强分布类型 2			光强分布类型 3		
	平均照度/lx	平均亮度/(cd/m^2)	照度/亮度	平均照度/lx	平均亮度/(cd/m^2)	照度/亮度	平均照度/lx	平均亮度/(cd/m^2)	照度/亮度
0	49	2.8	17.50	56	3.09	18.12	60	4.24	14.15
5	54	3.02	17.88	62	3.36	18.45	61	4.25	14.35
10	58	3.19	18.18	66	3.58	18.44	60	4.16	14.42
15	61	3.3	18.48	68	3.71	18.33	58	4.02	14.43
20	63	3.35	18.81	69	3.74	18.45	55	3.82	14.40
25	63	3.33	18.92	67	3.68	18.21	52	3.57	14.57
30	62	3.26	19.02	64	3.53	18.13	48	3.29	14.59
35	60	3.11	19.29	60	3.33	18.02	44	2.99	14.72
40	57	2.92	19.52	56	3.08	18.18	40	2.69	14.87
45	52	2.67	19.48	51	2.79	18.28	36	2.4	15.00
50	47	2.4	19.58	46	2.46	18.70	32	2.12	15.09

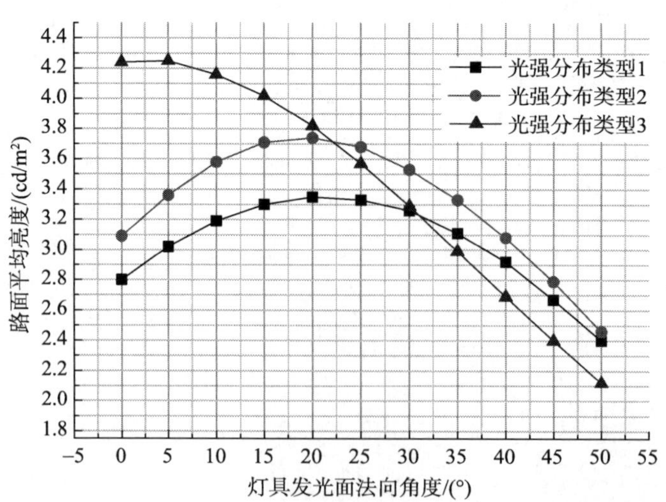

图 6.5　路面平均亮度与灯具发光面法向角度的关系

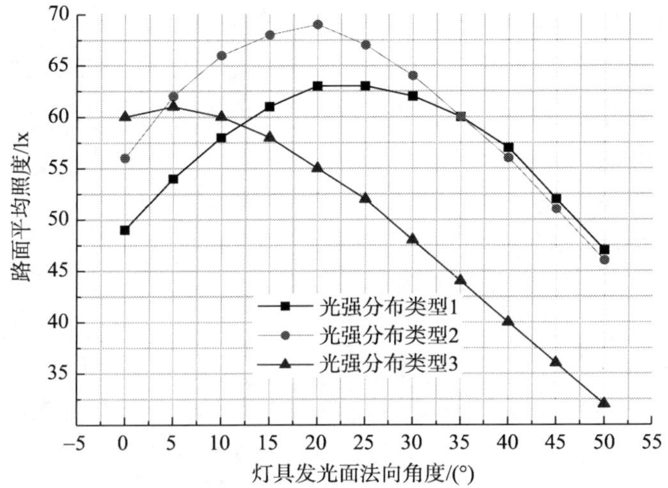

图 6.6　路面平均照度与灯具发光面法向角度的关系

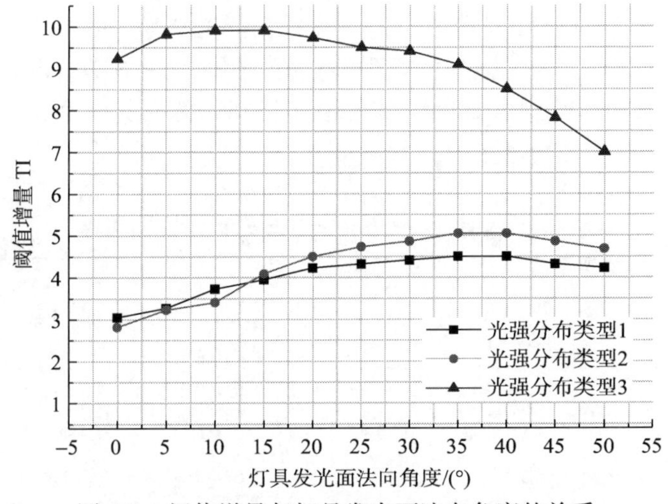

图 6.7　阈值增量与灯具发光面法向角度的关系

(2) 在光强分布类型和总光通量一致的情况下，灯具的发光面法向角度大小对照明指标也有显著影响。就亮度指标而言，每一种光强分布类型均有一个最佳的发光面法向角度，3 种光强分布类型下的路面最小亮度分别是最大亮度的 72%、66%、50%。

(3) 光强分布类型 1 的路面平均照度最大值为 63lx，相应的亮度值为 3.33cd/m^2；光强分布类型 3 的路面平均照度最大值为 61lx，相应的亮度值为 4.25cd/m^2，两者照度指标相差较小，而亮度指标相差较大。

(4) 从图 6.5 和图 6.6 可以看出，同一种光强分布类型下，当发光面的法向角度变化时，路面的平均亮度和平均照度的变化趋势基本一致。

(5) 路面平均照度与平均亮度的比值 R 并不是一个常数，其大小受光强分布类型、发光面法向角度的影响。在隧道照明质量评估中，如果仅仅测试路面照度值，再通过一个比例常数换算成路面亮度值，将高估或者低估隧道照明系统的质量。

(6) 表 6.1 可以看出，当 R 值较小时，表征隧道照明系统眩光程度的阈值增量 TI 指标较大，但阈值增量的最大值没有超过 15，在可接受的范围内。当 R 值较大时，照明系统的阈值增量 TI 较小。

6.3.3　亮度空间分布

路面的亮度总体均匀度和车道纵向中线均匀度受光强分布的影响较大，如表 6.2 和图 6.8、图 6.9 所示，光强分布类型 2 和光强分布类型 3 的均匀度总体上优于光强分布类型 1。亮度总体均匀度的变化受灯具发光面法向角度的影响较大，而纵向中线均匀度的变化受灯具发光面法向角度的影响较小。

灯具的光通量可以分成两部分，一部分投向隧道路面，另一部分投向隧道内墙壁，两者的比例与灯具的光强分布特性和发光面法向角度有关。当灯具的发光面法向角度变化时，路面和隧道内壁的亮度等级和亮度分布也发生变化。当路面的平均亮度降低时，墙壁的亮度会有一定程度的升高，反之亦然。

表 6.2　路面总体均匀度与车道纵向中线均匀度

法向角度/(°)	光强分布类型 1		光强分布类型 2		光强分布类型 3	
	亮度总体均匀度	车道纵向中线均匀度	亮度总体均匀度	车道纵向中线均匀度	亮度总体均匀度	车道纵向中线均匀度
0	0.61	0.81	0.81	0.95	0.88	0.92
5	0.69	0.78	0.9	0.94	0.91	0.92
10	0.76	0.78	0.92	0.94	0.93	0.94
15	0.83	0.8	0.91	0.94	0.92	0.92
20	0.82	0.81	0.9	0.94	0.91	0.91
25	0.77	0.82	0.92	0.95	0.88	0.92
30	0.73	0.84	0.88	0.95	0.85	0.91
35	0.69	0.87	0.8	0.95	0.82	0.91
40	0.67	0.9	0.7	0.94	0.79	0.92
45	0.66	0.92	0.61	0.95	0.75	0.93
50	0.67	0.93	0.53	0.96	0.74	0.94

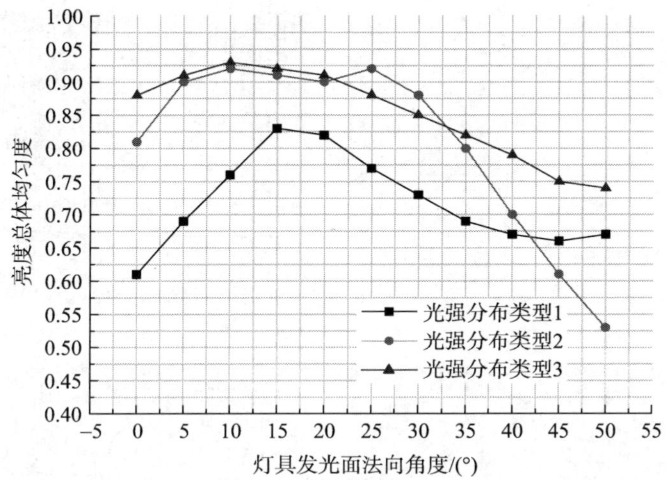

图 6.8　路面亮度总体均匀度与灯具发光面法向角度的关系

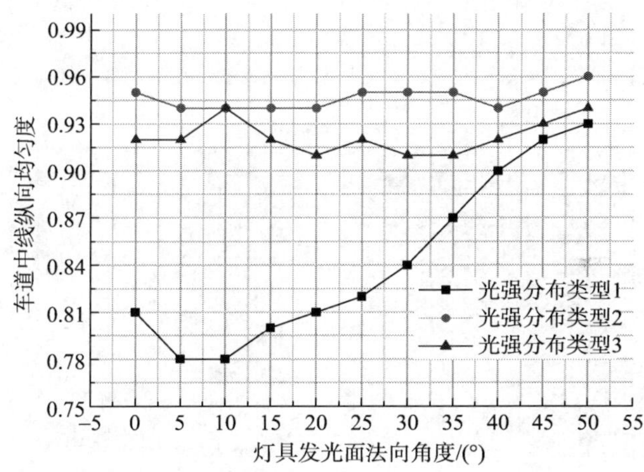

图 6.9　车道中线纵向均匀度与灯具发光面法向角度的关系

三种光强分布类型的亮度空间分布如图 6.10~图 6.12 所示，从中可以看出，当路面的均匀度最佳时，路面的平均亮度等级也最高，即灯具的光通量利用率最高。光强分布类型 1 的最佳法向角度为 20°，相应的路面平均亮度为 3.35cd/m^2，路面上方 2m 内的墙壁亮度约为 2.5cd/m^2。光强分布类型 2 的最佳法向角度为 20°，相应的路面平均亮度为 3.74cd/m^2，路面上方 2m 内的墙壁亮度约为 1.5cd/m^2。光强分布类型 3 的最佳法向角度为 10°，相应的路面平均亮度为 4.25cd/m^2，路面上方 2m 内的墙壁亮度约为 2.5cd/m^2。

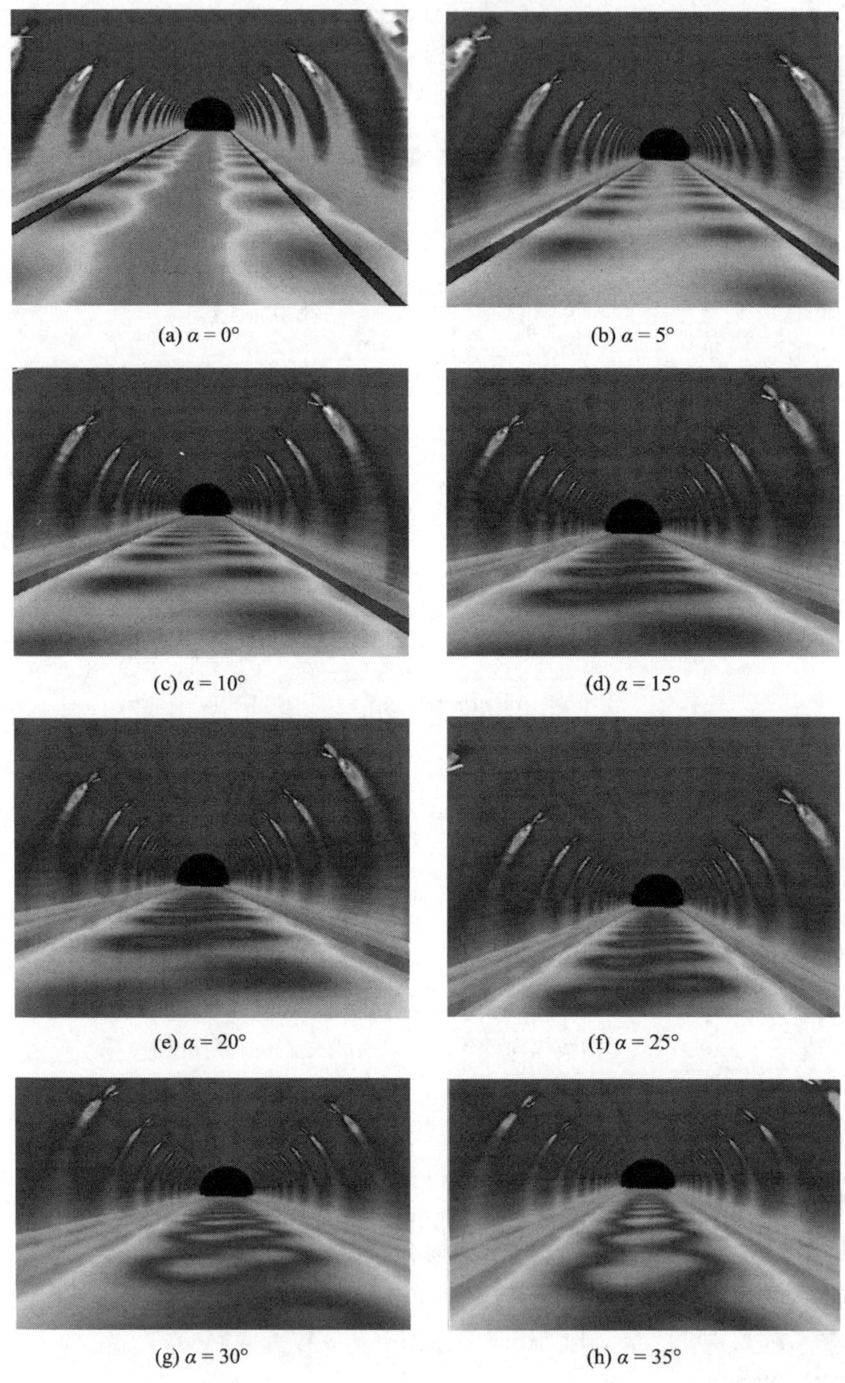

(a) $\alpha = 0°$　(b) $\alpha = 5°$

(c) $\alpha = 10°$　(d) $\alpha = 15°$

(e) $\alpha = 20°$　(f) $\alpha = 25°$

(g) $\alpha = 30°$　(h) $\alpha = 35°$

(i) $\alpha = 40°$

(j) $\alpha = 45°$

0　1　2　3　4

5　6　7　8　cd/m²

亮度参考系

(k) $\alpha = 50°$

图 6.10　光强分布类型 1 的亮度空间分布

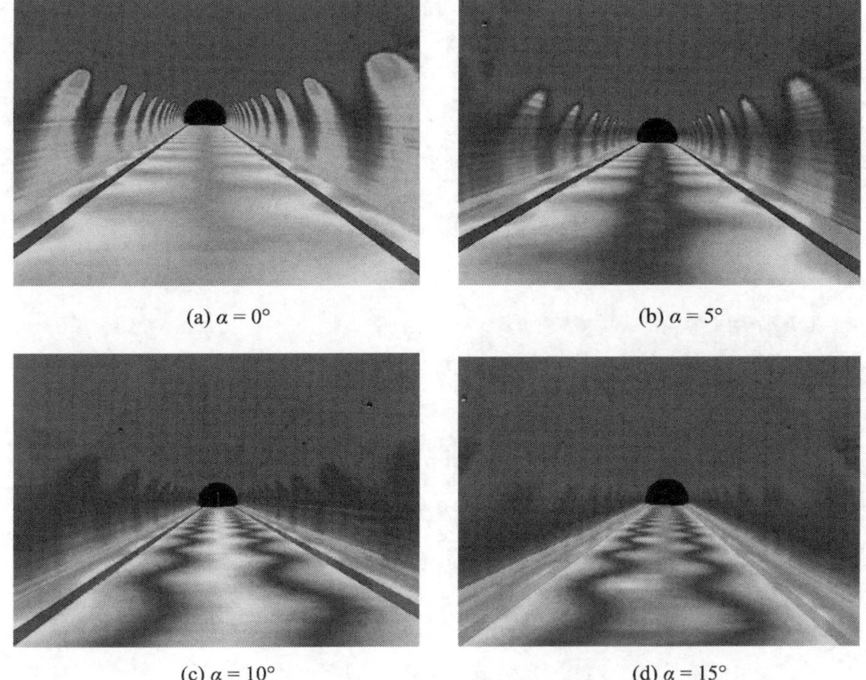

(a) $\alpha = 0°$

(b) $\alpha = 5°$

(c) $\alpha = 10°$

(d) $\alpha = 15°$

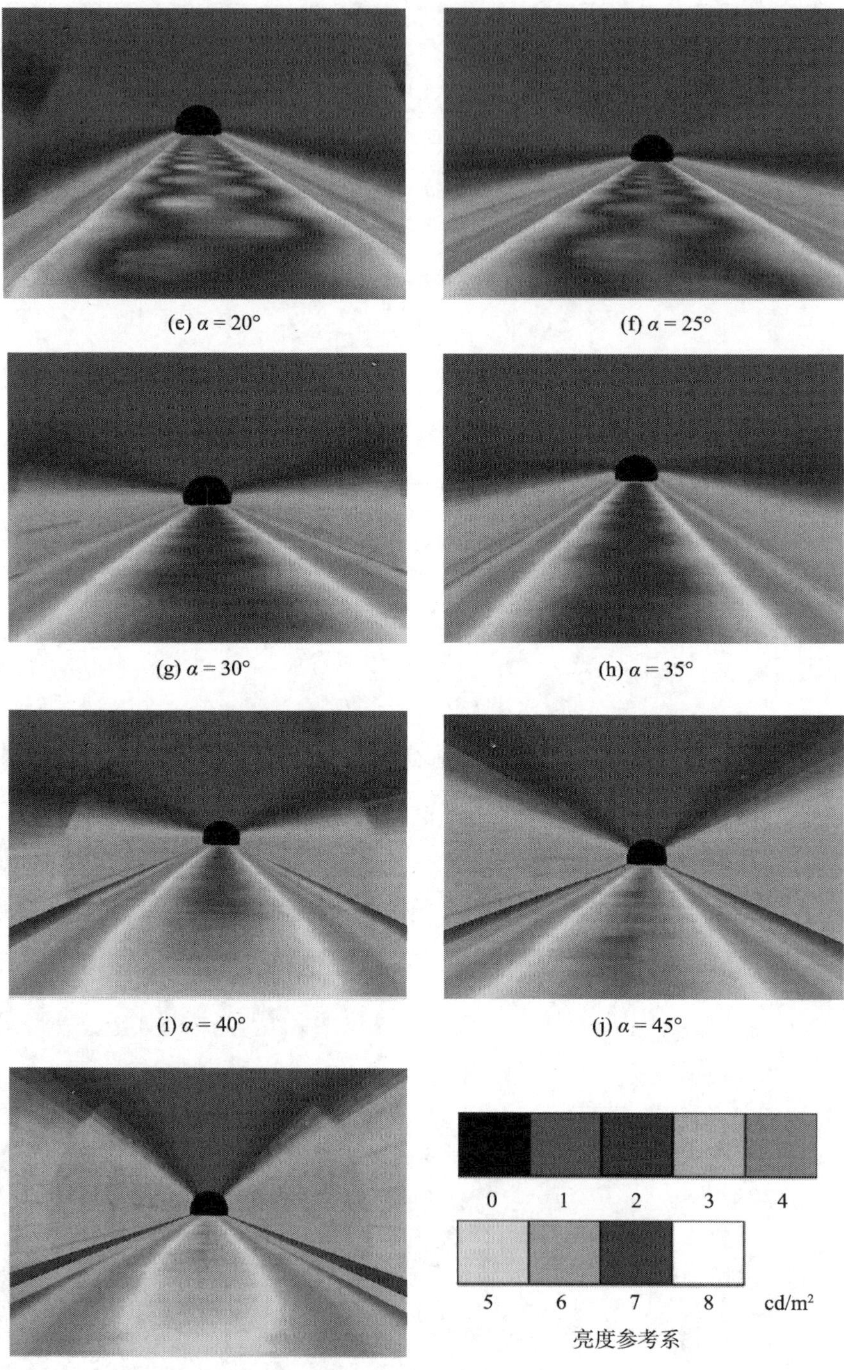

(e) $\alpha = 20°$　(f) $\alpha = 25°$

(g) $\alpha = 30°$　(h) $\alpha = 35°$

(i) $\alpha = 40°$　(j) $\alpha = 45°$

(k) $\alpha = 50°$

图 6.11　光强分布类型 2 的亮度空间分布

(a) $\alpha = 0°$

(b) $\alpha = 5°$

(c) $\alpha = 10°$

(d) $\alpha = 15°$

(e) $\alpha = 20°$

(f) $\alpha = 25°$

(g) $\alpha = 30°$

(h) $\alpha = 35°$

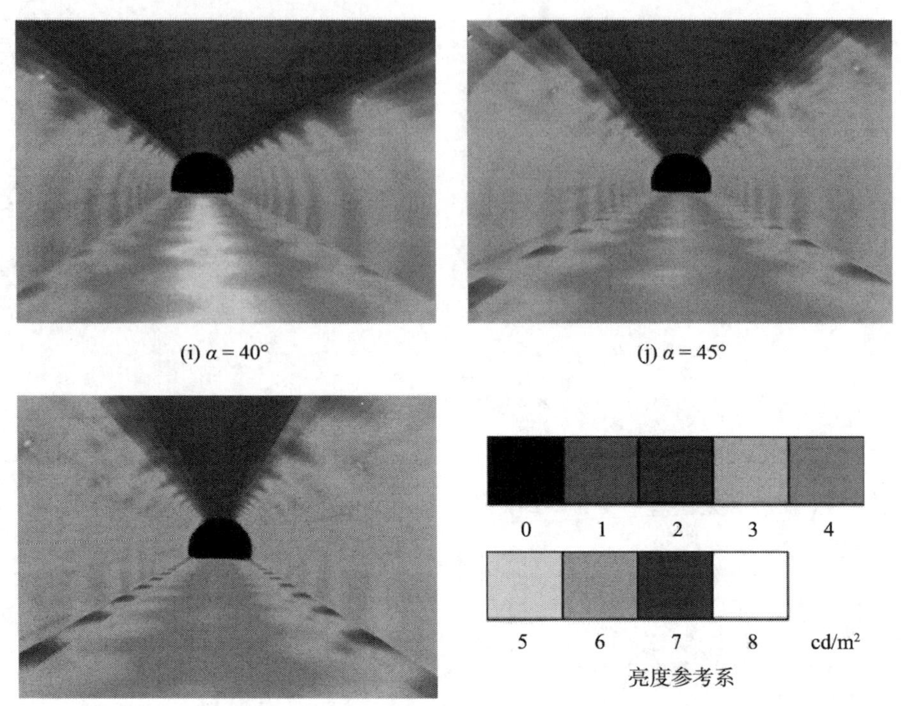

(k) $\alpha = 50°$

图 6.12　光强分布类型 3 的亮度空间分布

6.3.4　纵向间距影响

灯具的纵向布置间距对路面的平均亮度、平均照度和均匀度有重要的影响。本节以光强分布类型 2 为例分析纵向布置间距对照明参数的影响。计算模型中，灯具布置形式为两侧交错，纵向间距分别为 9m、10m、11m、12m、13m、14m。灯具的总光通量为 4950lm，发光面法向角度为 20°。不同纵向间距下路面平均亮度和平均照度的计算结果如表 6.3 所示。

表 6.3　不同纵向间距下的路面平均亮度和平均照度

纵向间距/m	平均亮度/(cd/m²)	平均照度/lx
9	4.16	76
10	3.74	69
11	3.41	62
12	3.12	57
13	2.88	53
14	2.68	49

为了方便不同工况下的结果比较，在绘制变化曲线时，以总线间距 9m 的计算

结果为基准，对计算结果进行了归一化处理。平均亮度与平均照度随纵向间距的变化趋势基本一致，平均亮度、平均照度与纵向间距之间基本为线性关系，如图 6.13 所示。

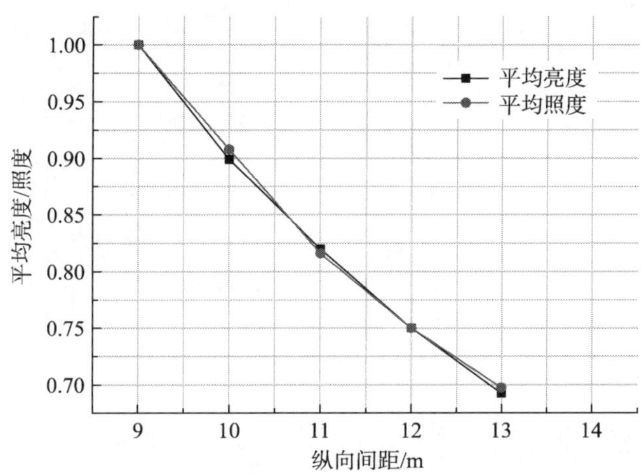

图 6.13　路面平均亮度、平均照度与纵向间距的关系

纵向间距对亮度分布的影响如图 6.14 所示，从中可以看出，随着纵向间距的增大，路面的亮度均匀度将变差，路面上逐渐出现明显的光斑。

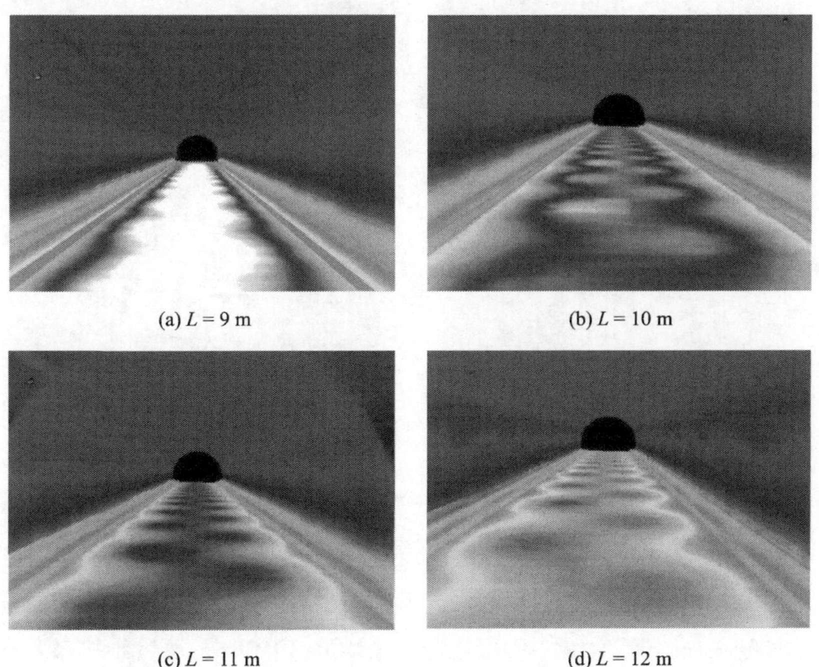

(e) $L = 13$ m

(f) $L = 14$ m

图 6.14　纵向间距对亮度分布的影响

6.4　拱顶布灯的照明特征

6.4.1　分析模型

以两车道公路隧道为例分析灯具本身特性和安装参数对照明质量的影响，如图 6.15 所示，行车道的宽度为 3.75m。灯具安装高度为 6.2~6.8m，灯具纵向间距为 7m。在横断面内，灯具的安装位置距隧道中心线 0.75m，以竖直线为基准线，灯具的发光面法向角度变化范围为 0°~15°，变化步长为 5°，选取光强分布类型 1 作为分析灯具。路面为沥青混凝土，平均亮度系数 Q_0 为 0.07，隧道墙壁内表面假设为理想漫反射表面，反射率为 0.3。

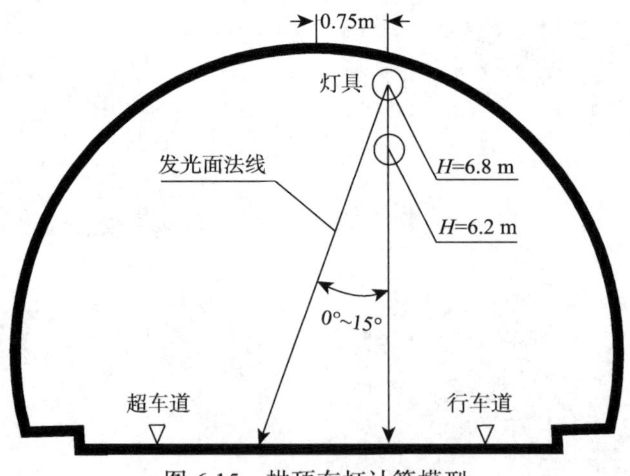

图 6.15　拱顶布灯计算模型

选取的灯具光强空间分布如图 6.16(a) 所示，特征平面内 C0°~180° 和 C90°~270° 配光曲线如图 6.16(b)所示，灯具的总光通量均取 4950lm，总体维护系数取 0.75。

(a) 光强空间分布

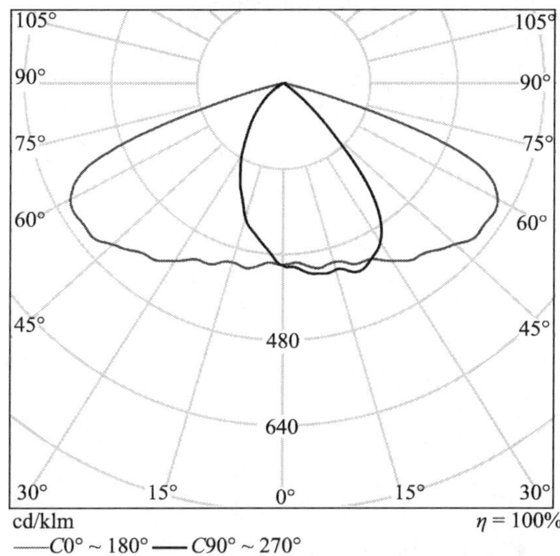

(b) 特征平面配光曲线

图 6.16　灯具光强分布

6.4.2　照明质量指标

采用拱顶偏侧布灯形式的隧道，行车道和超车道的亮度分布在横向上具有不对称性，因此必须以车道为单位进行照明质量的分析。当灯具发光面法向角度变化时，两个车道的平均亮度差别也会发生显著的变化，如表 6.4 所示。

表 6.4　路面平均亮度、平均照度、亮度总体均匀度

法向角度/(°)	行车道			超车道		
	平均亮度/(cd/m^2)	平均照度/lx	亮度总体均匀度	平均亮度/(cd/m^2)	平均照度/lx	亮度总体均匀度
0	3.27	50	0.53	2.84	53	0.53
5	3.09	46	0.49	2.92	53	0.61
10	2.87	42	0.43	2.93	53	0.65
15	2.58	37	0.37	2.9	51	0.66

路面平均亮度、平均照度、亮度总体均匀度与灯具发光面法向角度的关系如图 6.17~图 6.19 所示，从中可以看出，灯具的发光面法向角度在 0°~15° 变化过程中，行车道的路面平均亮度、平均照度、亮度总体均匀度基本呈线性下降，超车道上的平均亮度和平均照度变化幅度较小，而亮度总体均匀度增加较明显。

当发光面的法向角度为 5° 和 10° 时，两个车道的平均亮度差异最小，整个路面上的亮度均匀度最佳。当发光面的法向角度为 0° 和 15° 时，行车道和超车道的平均亮度差异较大，整个路面上的亮度均匀度较低。

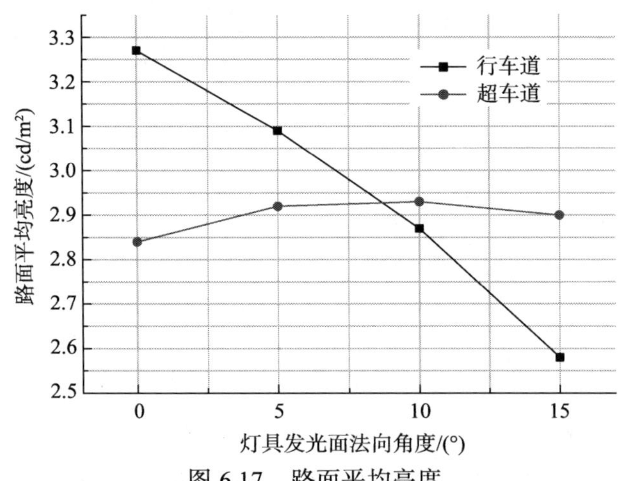

图 6.17　路面平均亮度

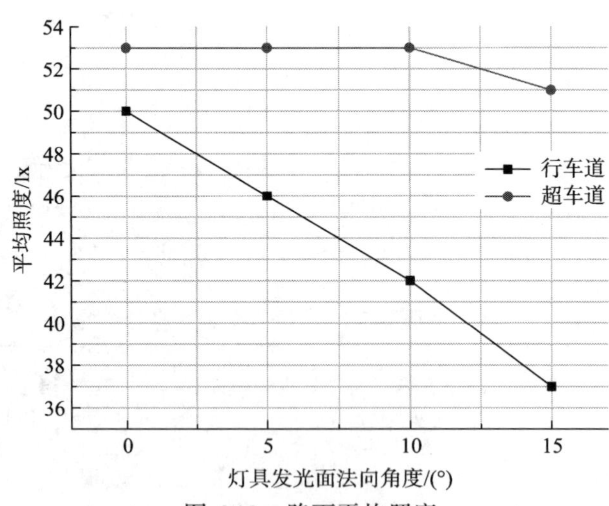

图 6.18　路面平均照度

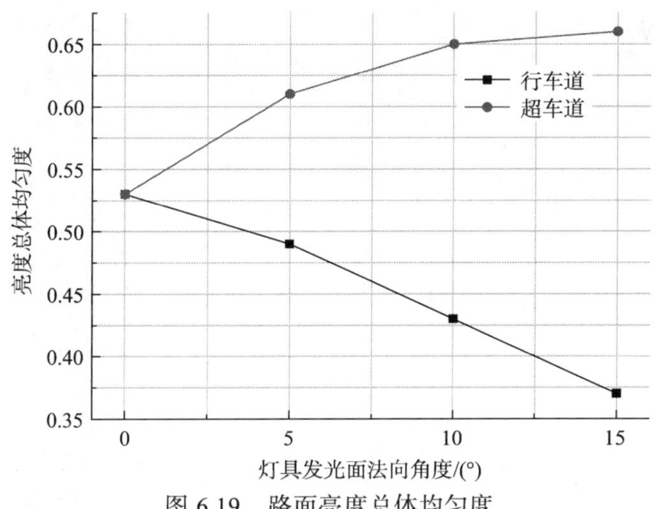

图 6.19　路面亮度总体均匀度

6.4.3　亮度空间分布

采用拱顶偏侧布灯形式的隧道照明系统，隧道内车道之间、两侧墙壁之间的亮度存在较大的差异，这是面临的主要矛盾。

隧道照明为拱顶偏侧布灯形式时的亮度空间分布如图 6.20 所示，从中可以看出，采用拱顶布灯时，分布在隧道内壁上的光通量较少。当灯具的发光面法向角度为 0° 时，整体路面平均亮度为 2.98cd/m^2，行车道侧路面上方 2m 内的墙壁亮度约为 1.7cd/m^2，超车道侧路面上方 2m 内的墙壁亮度约为 1.5cd/m^2。

当灯具的发光面法向角度为 5° 时，整体路面平均亮度为 2.93cd/m^2，行车道侧路面上方 2m 内的墙壁亮度约为 1.5cd/m^2，超车道侧路面上方 2m 内的墙壁亮度约为 1.7cd/m^2。

(a) α=0°

(b) α=5°

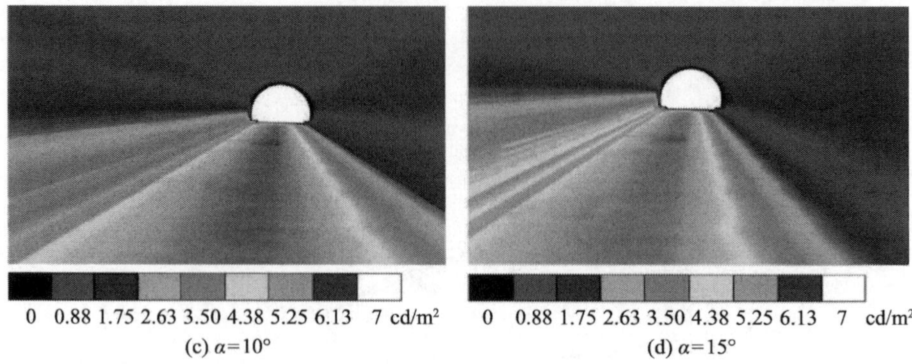

(c) $\alpha=10°$ (d) $\alpha=15°$

图 6.20 亮度空间分布(拱顶偏侧布灯)

当灯具的发光面法向角度为 10° 时，整体路面平均亮度为 2.82cd/m^2，行车道侧路面上方 2m 内的墙壁亮度约为 0.8cd/m^2，超车道侧路面上方 2m 内的墙壁亮度约为 2.0cd/m^2。

当灯具的发光面法向角度为 15° 时，较多的光通量分布于超车道侧路面上方的墙壁上，而行车道上分布的光通量较少。整体路面平均亮度为 2.67cd/m^2，行车道侧路面上方 2m 内的墙壁亮度约为 0.5cd/m^2，超车道侧路面上方 2m 内的墙壁亮度约为 3.0cd/m^2。两侧墙壁的亮度差异较大。

6.4.4 灯具安装高度影响

采用拱顶单侧布灯时，灯具的安装高度从 6.8m 降低至 6.0m 的过程中，对路面的平均亮度、平均照度、亮度总体均匀度有显著的影响，如表 6.5 所示。

表 6.5 不同安装高度时的平均亮度、平均照度和亮度总体均匀度

安装高度/m	行车道			超车道		
	平均亮度/(cd/m^2)	平均照度/lx	亮度总体均匀度	平均亮度/(cd/m^2)	平均照度/lx	亮度总体均匀度
6.8	3.09	46	0.49	2.92	53	0.61
6.6	3.16	47	0.48	2.96	54	0.59
6.4	3.22	48	0.46	3	55	0.57
6.2	3.28	49	0.44	3.04	57	0.55
6	3.35	50	0.42	3.08	58	0.53

为了便于不同工况下的照明指标比较，以高度 6.0m 时的计算结果为基准，对所有计算结果进行归一化处理，路面的平均亮度、平均照度、亮度总体均匀度随安装高度变化的曲线如图 6.21~图 6.23 所示。

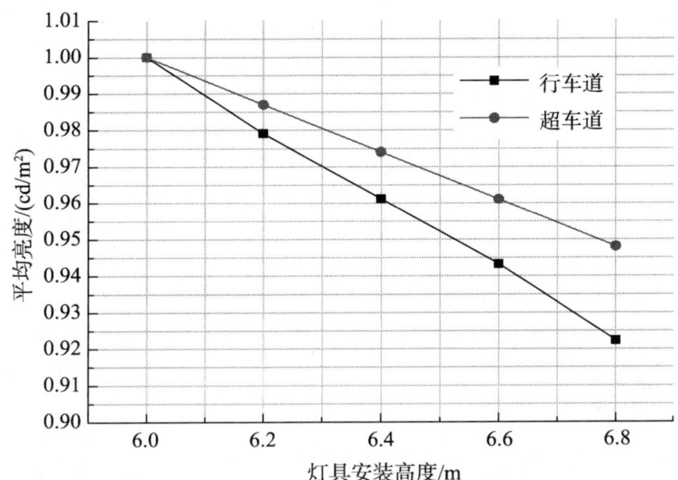

图 6.21　路面平均亮度随安装高度的变化曲线

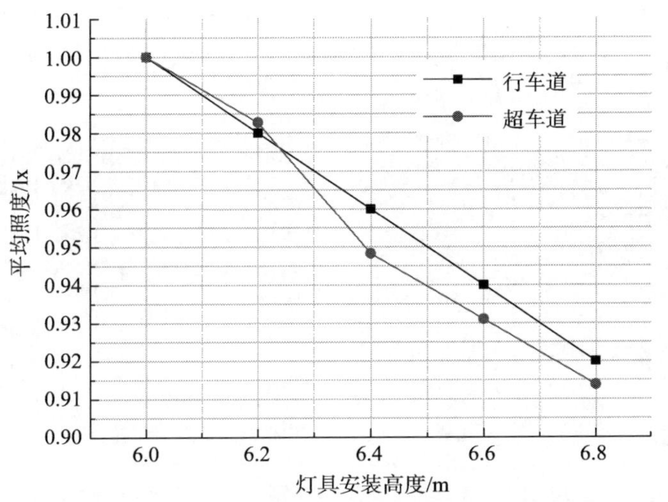

图 6.22　路面平均照度随灯具安装高度的变化曲线

从总体来看，随着灯具安装高度的降低，路面的平均亮度、平均照度和亮度总体均匀度基本上为线性增加，安装高度从 6.8m 降低至 6.0m 时，行车道上的平均亮度增加了 8%，超车道上的平均亮度增加了 5%，行车道上的平均照度增加了 8%，超车道上的平均照度增加了 9%，行车道上的亮度总体均匀度增加了 0.07，超车道上的亮度总体均匀度增加了 0.08。因此，在满足隧道建筑界限的前提下，灯具安装高度的调整能大大提升隧道的照明质量。

隧道照明为拱顶单侧布灯形式时的空间分布如图 6.24 所示，从中也可以看出，随着灯具安装高度的降低，隧道内路面的亮度均匀度显著提升，但路面的亮度总体均匀度有所降低。

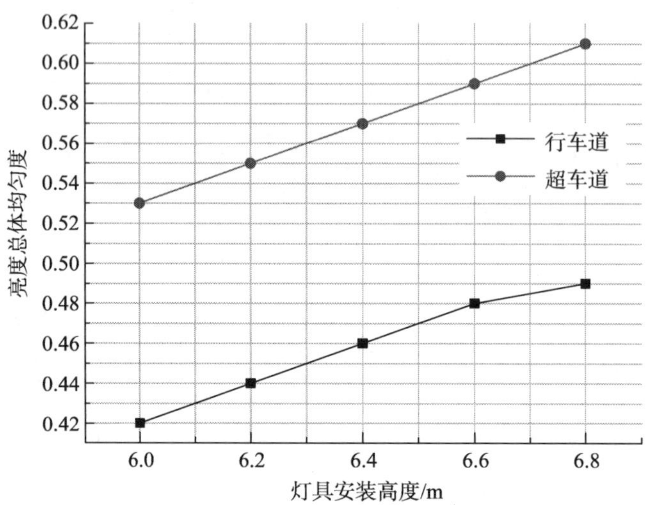

图 6.23　路面亮度总体均匀度随安装高度的变化曲线

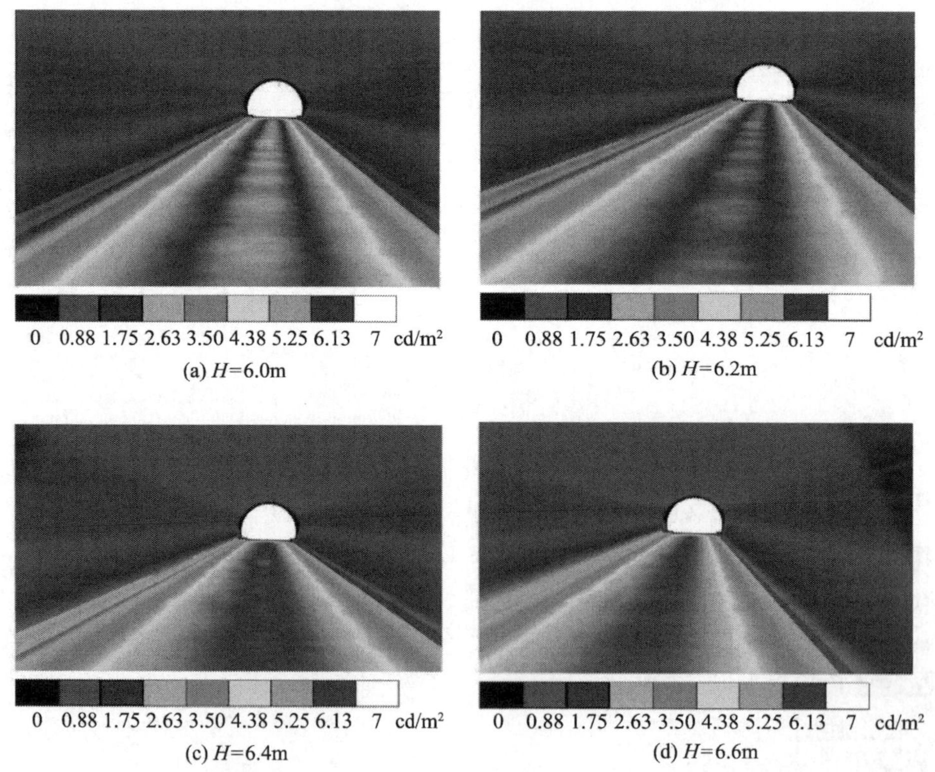

(e) H=6.8m

图 6.24　路面亮度空间分布(拱顶单侧布灯)

6.5　内表面材料的影响

经隧道墙壁反射的光线对路面亮度和照度有一定的影响，但更重要的是墙壁的反射特性对其本身亮度的影响。在工程实践中，材料的反射率一般不会大于 0.8，因此，在分析模型中，隧道路面上方 3m 内的墙壁反射率取值范围为 0.3~0.8，步长为 0.1，其余部分的反射率为 0.3。路面类型为 R3，平均亮度系数 Q_0 为 0.07，路面的反射率为 0.22($R=\pi Q_0$)。

墙壁和路面假设为理想漫反射表面，即各个观察方向上的亮度大小一致。传统路面亮度计算模型中仅考虑了灯具的直射光，忽略了间接反射光的影响，不能用于隧道墙壁反射率对照明环境影响的评估，本节的路面亮度 L_d 与采用路面亮度计算模型得到的结果有一定的差异，由于沥青路面的反射特性接近于理想漫反射体，L_d 能够在一定程度上反映实际的亮度大小和亮度分布情况。

采用的灯具光强分布类型如图 6.4(b) 所示，灯具的光通量为 4950lm。采用两侧交错布灯形式，纵向间距为 10m。为了考察灯具发光面法向角度对内部亮度和照度的影响，分析了两者的工况，得到灯具的发光面法向角度分别为 20° 和 40° 。

隧道内的墙壁为空间曲面，无法计算上方 2m 内的墙壁平均亮度，因此选取了路面上 1m 和 2m 处的面单元作为考察对象，用以反映墙壁反射系数对其亮度的影响，计算结果如表 6.6 和表 6.7 所示。为了直观表达墙壁反射率对路面和墙壁亮度的影响，以表中反射率 0.3 的亮度为基准，计算其他反射率下的亮度对其的增加百分比。

路面平均亮度和墙壁亮度与墙壁反射率基本呈线性关系。在墙壁反射率增加的过程中，发光面法向角度对路面亮度的增加速率影响较大，对墙壁亮度的增加速率影响较小，发光面法向角度为 20° 的增加速率与发光面法向角度为 40° 的增加速率基本一致，如图 6.25~图 6.27 所示。

表 6.6　不同墙壁反射率下的路面平均亮度和墙壁亮度　(单位：cd/m^2)

墙壁反射率	路面平均亮度		墙壁亮度(h=1m)		墙壁亮度(h=2m)	
	20°	40°	20°	40°	20°	40°
0.3	4.31	3.60	2.00	3.30	1.47	2.97
0.4	4.33	3.64	2.72	4.49	2.00	4.03
0.5	4.36	3.68	3.47	5.72	2.57	5.14
0.6	4.39	3.73	4.25	7.01	3.16	6.29
0.7	4.41	3.78	5.06	8.34	3.77	7.48
0.8	4.44	3.83	5.91	9.73	4.33	8.73

表 6.7　路面平均亮度和墙壁亮度增加的百分比　(单位：%)

墙壁反射率	路面平均亮度		墙壁亮度(h=1m)		墙壁亮度(h=2m)	
	20°	40°	20°	40°	20°	40°
0.3	0.00	0.00	0.00	0.00	0.00	0.00
0.4	0.46	1.11	36.00	36.06	36.05	35.69
0.5	1.16	2.22	73.50	73.33	74.83	73.06
0.6	1.86	3.61	112.50	112.42	114.97	111.78
0.7	2.32	5.00	153.00	152.73	156.46	151.85
0.8	3.02	6.39	195.50	194.85	194.56	193.94

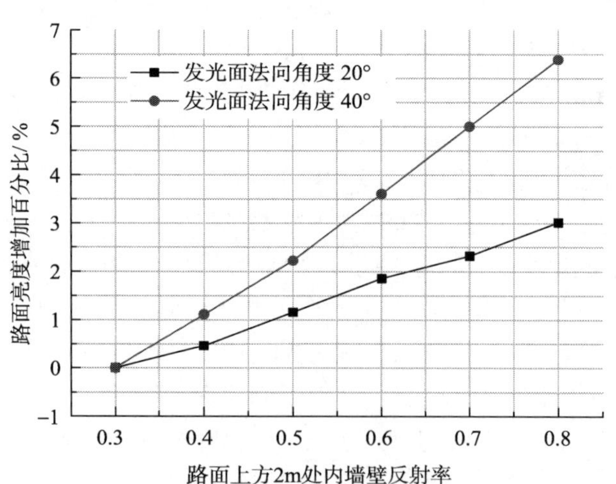

图 6.25　路面亮度与墙壁反射率的关系

与墙壁反射率 0.3 相比，墙壁反射率为 0.7 的情况下，路面平均亮度增加幅度较小，发光面法向角度为 20° 时增加 2.32%，发光面法向角度为 40° 时增加 5.00%，而墙壁的亮度增加较大，因此通过增加墙壁反射率不能显著提升路面平均亮度，但对提升墙壁的亮度效果明显。

在发光面法向角度为 20° 的情况下，当墙壁反射率为 0.6 时，路面上方 1m 处的墙壁亮度与路面平均亮度相差较小，路面上方 2m 处的墙壁亮度是路面平均亮度的 72%。在发光面法向角度为 40° 的情况下，当墙壁反射率为 0.4 时，路面上方 1m 处的墙壁平均亮度是路面平均亮度的 1.23 倍，路面上方 2m 处的墙壁亮度是路面平均亮度的 1.1 倍。

可以看出，在墙壁反射率较低的情况下，较大的灯具发光面法向角度能够获得较为满意的墙壁亮度等级，但同时这种情况下的路面平均亮度较低。从经济技术合理性的角度来看，为了获得合适的隧道墙壁亮度，必须统筹考虑路面亮度、墙壁材料成本、灯具成本和电能消耗等。

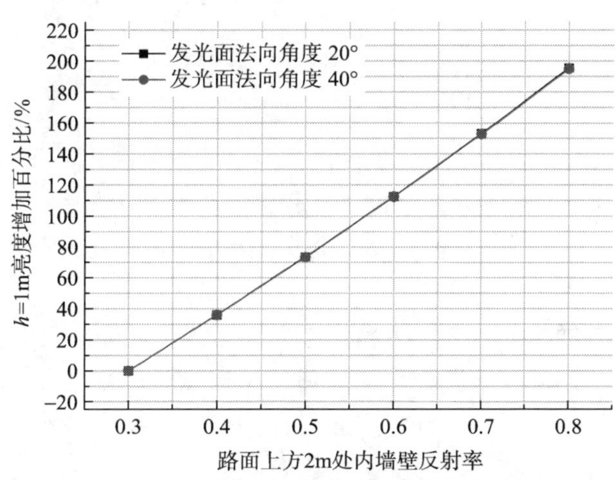

图 6.26　墙壁亮度(h=1m)与墙壁反射率的关系

路面为隧道照明的重点区域，具有一定亮度的墙壁只是起到辅助作用，如果路面上方一定高度范围内的墙壁亮度过高，甚至超过隧道路面的亮度，由于视网膜中心区域的亮度低于其他区域，降低了人眼识别路面上障碍物的能力，隧道路面上方一定高度范围的亮度应与路面亮度匹配，不宜存在较大的差距。因此，隧道墙壁表面材料的反射率不应过大，以免墙壁的亮度高于路面亮度，导致路面上的障碍物可见度降低。根据国际照明委员会 *Guide for the Lighting of Road Tunnels and Underpasses* (CIE 88—2004)的建议，隧道路面上方 2m 处的墙壁平均亮度应不低于相关路面平均亮度的 60%。

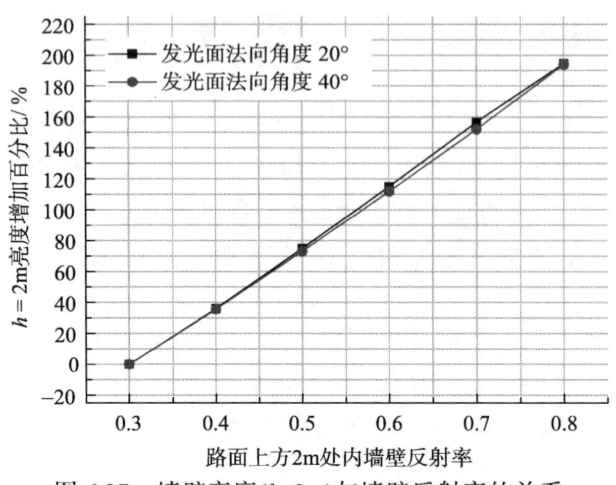

图 6.27　墙壁亮度(h=2m)与墙壁反射率的关系

6.6　隧道夜间照明

与道路的一般开阔路段相比，隧道内的风险等级较高，隧道内部空间狭窄，在发生交通事故时缺乏有效的可用空间和路径进行事故处置与逃生。在隧道内行车的过程中，驾驶者常常感到缺乏信心和安全感，因此在夜间隧道内要保证具有一定的亮度等级。

如果隧道所在的路段设置了道路照明，隧道内的路面亮度等级、均匀度和眩光控制等应不低于洞外一般路段。如果隧道洞外道路没有设置道路照明，隧道内的路面亮度等级应不低于 1cd/m^2，同时总体均匀度和纵向中线均匀度应不低于相关要求。

采用回路控制的公路隧道，一般采取关闭部分回路的方式来达到降低路面亮度的目的，但同时路面的总体均匀度和纵向中线均匀度也出现了下降的情况，如表 6.8 所示。两侧布灯的隧道，灯具分布于 4 个回路上，当所有的回路全部开启时，路面的总体均匀度和纵向中线均匀度较好；仅开启两个回路时(一侧一个回路)，路面的平均亮度约为全部回路开启的 50%，但是路面的总体均匀度和纵向中线均匀度降低的幅度较大，路面上的部分区域接收到的光通量很少；如果仅开启一个回路(单侧的一个回路或者应急照明)，路面的总体均匀度和纵向中线均匀度变得更加糟糕，路面上部分区域的亮度和照度几乎为零，如图 6.28 和图 6.29 所示。路面上的部分区域亮度与顶棚的亮度基本相当，在路面纵向和横向间隔出现较为明显的光斑或者条纹，对障碍物的识别和视觉的舒适性造成严重干扰，在这种情况下，隧道照明系统给行车安全和舒适带来的负面效应大于正面效应。

表 6.8　高压钠灯回路控制照明的照明指标

灯具调光	亮度/(cd/m^2)	总体均匀度	纵向中线均匀度
开启全部	3.69	0.72	0.79
开启 1/2	1.63	0.26	0.14
开启 1/4	0.77	0.19	0.13

图 6.28　采用回路控制的隧道照明环境(实际图像)

图 6.29　两侧布灯开启部分回路的亮度分布(数值模拟)

拱顶单侧布灯开启部分回路的亮度分布如图 6.30 所示。采用拱顶单侧布灯的隧道，如果开启 2/3 或者 1/3 的灯具，总体均匀度和纵向中线均匀度也面临着同样的问题。总体来看，采用回路控制的公路隧道，在夜间通过回路控制降低路面的亮度达到了节能的目的，但是以牺牲路面的均匀度为代价。

图 6.30　拱顶单侧布灯开启部分回路的亮度分布

采用回路控制的隧道照明系统，为了减轻夜间路面均匀度的影响，在设计阶段采用的纵向灯具间距宜小不宜大，并尽量采用宽光带光强分布形式的灯具。

采用无级调光的公路隧道照明系统，通过调节灯具的光通量输出来控制路面的亮度，路面的平均亮度与灯具的光通量输出成正比。路面的均匀度只与灯具的光强空间分布相关，与光通量输出比和路面亮度无关，如表 6.9 所示。

表 6.9　LED 灯具的无级调光照明指标

灯具调光	亮度/(cd/m^2)	总体均匀度	纵向中线均匀度
100%光通量	2.76	0.67	0.93
75%光通量	2.07	0.67	0.93
50%光通量	1.38	0.67	0.93
25%光通量	0.69	0.67	0.93

6.7　照明类型对照明质量的影响

前面已经介绍，在隧道中间段，驾驶者的眼睛基本上适应了洞内较暗的照明环境，对路面的亮度等级要求较低，但隧道内运营风险大于洞外一般路段，因此仍需要保证一定的亮度等级。

6.7.1　分析模型

为了掌握不同照明类型下的照明指标，本节采用数值模拟的方法对逆光照明、顺光照明和对称照明的指标进行分析。在分析模型中，隧道为两车道隧道、拱顶单侧布灯，灯具发光面高度为 6.8m，光通量为 5000lm，其中逆光照明和顺光照明采用的配光类型完全相同，只是光线的投射方向不同。由于光强分布对照明指标有一定的影响，对称照明模型中选取了 2 个光强分布类型进行分析，其中所采用的 3 种光强分布类型如图 6.31 所示。

指标分析参数包括路面亮度、照明、总体均匀度、小目标可见度、目标物亮度和阈值增量，并对亮度在空间内路面和墙壁上的分布进行了分析。由于路面的反射特性对照明指标特别是小目标可见度有重要的影响，在分析中路面类型分别为 R1、R2、R3、R4、C1、C2，6 种路面的镜面反射特性和漫反射特性如表 6.10 所示。

在中间段，虽然逆光照明能够提供较高的亮度和目标物可见度，但是逆光照明所提供的路面亮度均匀度低于对称照明，另外逆光照明的眩光影响较大，综合考虑亮度等级需求、均匀度和眩光等，在隧道中间段宜采用对称照明。

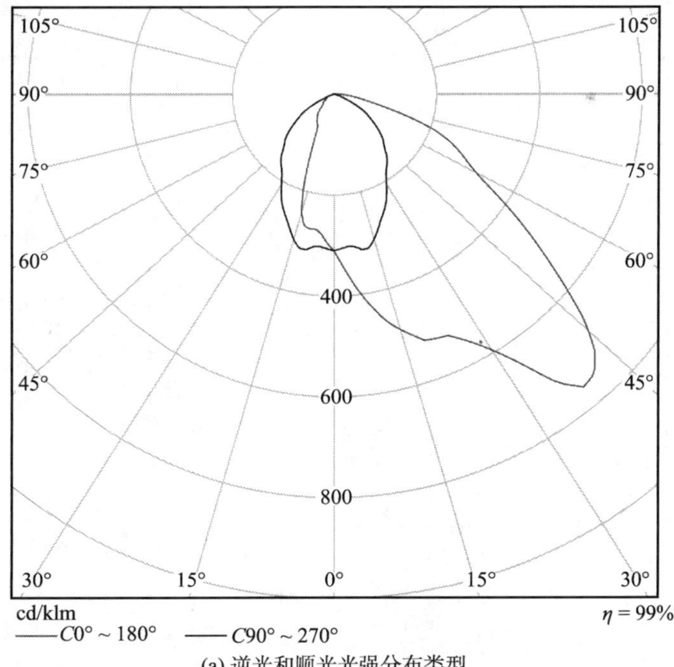

(a) 逆光和顺光光强分布类型

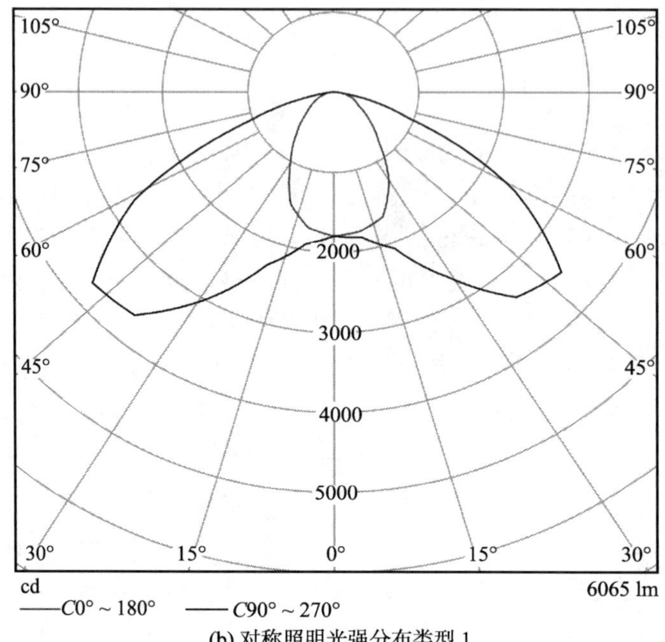

(b) 对称照明光强分布类型 1

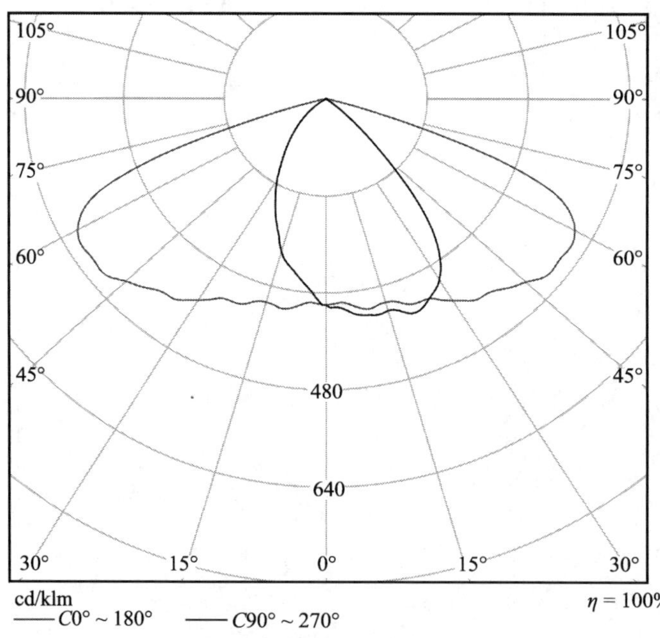

(c) 对称照明光强分布类型 2

图 6.31　分析中采用的光强分布类型

表 6.10　路面反射特性

路面类型	反射特性	Q_0	备注
R1	几乎是漫反射	0.10	新铺装路面
R2	镜面反射和漫反射混合	0.07	—
R3	以漫反射为主，些许的镜面反射	0.07	通车一段时间的沥青路面
R4	几乎是镜面反射	0.08	—
C1	混凝土路面	0.10	CIE 标准路面
C2	沥青路面	0.07	CIE 标准路面

6.7.2　不同照明类型下的照明指标分析

R1 类型的路面在不同照明类型下的照明指标如表 6.11 所示。当路面的反射特性主要表现为漫反射时，对称照明能够得到较高的路面亮度和照度，但目标物的亮度与路面亮度差别较小，小目标可见度的值较小。逆光照明的亮度高于顺光照明的亮度约 10%，由于逆光照明的光线照射不到目标物的立面，目标物的对比度较大，逆光照明的小目标可见度的值也相应较大。从阈值增量指标来看，逆光照明的眩光最为严重，其次是对称照明，顺光照明的眩光影响最小。

表 6.11　不同照明类型下的照明指标(R1 路面类型)

照明类型	亮度/(cd/m²)	照度/lx	总体均匀度	小目标可见度	目标物亮度/(cd/m²)	阈值增量
逆光照明	4.80	54.75	0.73	9.0	0.52	8.73
顺光照明	4.30	54.96	0.75	2.2	5.63	0.68
对称照明 1	5.34	61.14	0.58	2.7	3.91	6.55
对称照明 2	5.70	63.99	0.72	2.6	4.27	5.00

R2 类型路面的反射特性表现为镜面反射和漫反射共存，照明指标表 6.12 所示。逆光照明的路面亮度比顺光照明的亮度提高了约 60%，虽然顺光照明的亮度比 R1 路面类型下降较大，但顺光照明的小目标可见度显著提升，达到了 7.8。逆光照明的亮度有所降低，但小目标可见度的值没有显著下降。对称照明 1 和对称照明 2 的亮度比 R1 下降较大，目标物的亮度与路面亮度相差较小，同时小目标可见度的值也出现了下降，两者的小目标可见度值均小于 1，对行车安全非常不利。

R3 类型路面的反射特性以漫反射为主，镜面反射的特性较小，照明指标如表 6.13 所示。逆光照明的各项指标没有显著的变化，顺光照明的亮度有所降低，但小目标可见度的值增加较多，达到了 11.4，对称照明 1 和对称照明 2 的亮度下降较小，小目标可见度的值分别为 1.1 和 1.2，对目标物的识别非常不利。

表 6.12　不同照明类型下的照明指标(R2 路面类型)

照明类型	亮度/(cd/m^2)	照度/lx	总体均匀度	小目标可见度	目标物亮度/(cd/m^2)	阈值增量/%
逆光照明	3.94	54.75	0.63	8.2	0.52	8.73
顺光照明	2.45	54.96	0.74	7.8	5.63	0.68
对称照明 1	3.92	61.14	0.53	0.8	3.91	6.55
对称照明 2	4.17	63.99	0.88	0.8	4.27	5.00

表 6.13　不同照明类型下的照明指标(R3 路面类型)

照明类型	亮度/(cd/m^2)	照度/lx	总体均匀度	小目标可见度	目标物亮度/(cd/m^2)	阈值增量/%
逆光照明	3.94	54.75	0.72	8.2	0.52	8.73
顺光照明	1.79	54.96	0.72	11.4	5.63	0.68
对称照明 1	3.68	61.14	0.49	1.1	3.91	6.55
对称照明 2	3.92	63.99	0.69	1.2	4.27	5.00

R4 类型的路面在不同照明类型下的照明指标如表 6.14 所示。当路面的反射特性以镜面为主，仅有少量的漫反射成分时，顺光照明的小目标可见度比 R3 路面类型有所增加，但亮度有所减小，逆光照明、对称照明的亮度和小目标可见度的值变化较小。

表 6.14　不同照明类型下的照明指标(R4 路面类型)

照明类型	亮度/(cd/m^2)	照度/lx	总体均匀度	小目标可见度	目标物亮度/(cd/m^2)	阈值增量/%
逆光照明	4.26	54.75	0.56	8.4	0.52	8.73
顺光照明	1.64	54.96	0.73	12.5	5.63	0.68
对称照明 1	3.87	61.14	0.47	1.3	3.91	6.55
对称照明 2	4.10	63.99	0.68	1.4	4.27	5.00

C1 类型的路面在不同照明类型下的照明指标如表 6.15 所示。当路面采用反射率较高的混凝土时，3 种照明类型的亮度均较高。由于目标物亮度与路面亮度差别较小，顺光照明的小目标可见度值较小，目标物亮度与路面亮度相差较大，逆光照明的小目标可见度保持着较高的数值，对行车安全非常有利。在 C1 路面类型下，顺光照明的小目标可见度出现了较大的增长。

C2 类型的路面在不同照明类型下的照明指标如表 6.16 所示。逆光照明亮度约为顺光照明亮度的 2 倍，而两者的小目标可见度值则相差较小，对称照明的亮度值虽然比顺光照明的亮度值大，但小目标可见度的值较小，不利于路面上障碍物的发现。

表 6.15　不同照明类型下的照明指标(C1 路面类型)

照明类型	亮度/(cd/m^2)	照度/lx	总体均匀度	小目标可见度	目标物亮度/(cd/m^2)	阈值增量
逆光照明	5.14	54.75	0.68	9.2	0.52	8.73
顺光照明	4.84	54.96	0.75	1.3	5.83	0.68
对称照明 1	5.84	61.14	0.56	3.4	3.91	6.55
对称照明 2	6.18	63.99	0.71	3.3	4.27	5.00

表 6.16　不同照明类型下的照明指标(C2 路面类型)

照明类型	亮度/(cd/m^2)	照度/lx	总体均匀度	小目标可见度	目标物亮度/(cd/m^2)	阈值增量
逆光照明	4.13	54.75	0.61	8.4	0.52	8.73
顺光照明	2.12	54.96	0.71	9.3	5.83	0.68
对称照明 1	3.94	61.14	0.51	1.1	3.91	6.55
对称照明 2	4.21	63.99	0.69	1.1	4.27	5.00

综上所述，就照明类型的指标而言，可以得出以下结论。

(1) 逆光照明的路面亮度一般大于顺光照明的亮度，对称照明的路面亮度与逆光照明的路面亮度相差较小。

(2) 路面亮度与小目标可见度没有明显的相关性，当路面的亮度值较大时，小目标可见度值有可能很小。相对于逆光照明和顺光照明，对称照明的小目标可见度值较低。无论路面的反射特性是何种类型，逆光照明的小目标可见度值均较大，顺光照明只有当路面类型为 C1 时小目标可见度较小，其余情况下，小目标可见度值均较大。

(3) 逆光照明的阈值增量最大，其次是对称照明，顺光照明的阈值增加最小。

(4) 在照明设计时，选择何种照明类型，必须综合考虑路面类型、灯具光强分布等因素，统筹考虑亮度、小目标可见度和阈值增量 3 个指标。

不同照明类型下的隧道亮度空间分布如图 6.32 所示，从中可以看出，对称照明纵向上的均匀度较好，而逆光照明和顺光照明的纵向均匀度相对较差，但是亮度较高和较低区域的亮度差值较小，一般在 20%以内，在视觉上不会造成较严重的干扰。从视觉诱导的角度来看，逆光照明的视觉照明最佳，对称照明次之，而顺光照明的诱导效果较差，在极端情况下驾驶者感觉不到灯具的存在。

(a) 逆光照明

(b) 顺光照明

(c) 对称照明 1

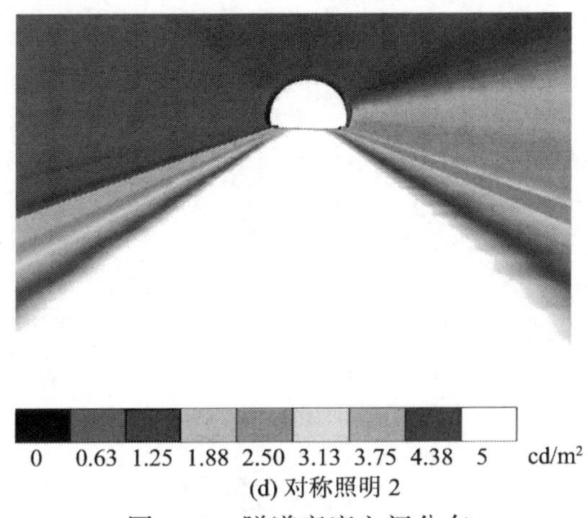

(d) 对称照明 2

图 6.32　隧道亮度空间分布

6.7.3　光通量对照明指标的影响分析

从 6.7.2 节的分析可知，路面亮度与小目标可见度没有明显的相关性，小目标可见度与路面亮度、小目标的亮度和灯具引起的光幕亮度等因素相关。统筹考虑亮度和小目标可见度因素对于隧道照明系统的节能有显著的现实意义，需要掌握灯具光通量、亮度、小目标可见度之间的关系。表 6.17~表 6.20 为 R3 路面类型下 3 种照明类型(对称照明、逆光照明和顺光照明)的光通量与亮度、小目标可见度等之间的关系。

表 6.17　光通量对逆光照明指标的影响(R3 路面类型)

光通量/lm	亮度/(cd/m^2)	照度/lx	总体均匀度	小目标可见度	目标物亮度/(cd/m^2)	阈值增量
6000	4.77	66.37	0.72	8.6	0.63	10.50
5000	3.94	54.75	0.72	8.20	0.52	8.73
4000	3.18	44.24	0.72	7.7	0.42	7.00
3000	2.38	33.18	0.72	7.1	0.31	5.32
2000	1.59	22.12	0.72	6.1	0.21	3.55
1000	0.80	11.06	0.72	4.7	0.11	1.86

从表 6.17 可以看出，采用逆光照明时，亮度与光通量基本上呈线性相关，而小目标可见度随光通量的变化幅度较小，当光通量从 6000lm 降低至 3000lm 时，亮度下降了约 50%，小目标可见度仅下降了 1.5，仅降低 17%。

图 6.33 显示了逆光照明时亮度和小目标可见度与光通量的关系曲线，从中可以看出，当光通量从 6000lm 降至 1000lm 时，路面亮度从 4.77cd/m^2 下降至 0.80cd/m^2，

降低了 83 %，而小目标可见度从 8.6 下降至 4.7，仅降低 45 %，仍然具有较好的可见度。

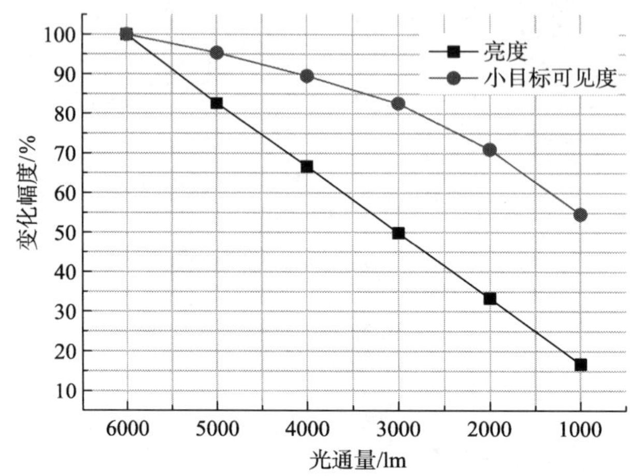

图 6.33　亮度和小目标可见度与光通量的关系曲线(逆光照明)

顺光照明与逆光照明的趋势基本相似，从表 6.18 可以看出，采用顺光照明时，亮度与光通量基本上呈线性相关，而小目标可见度随光通量的变化幅度较小，当光通量从 6000lm 降低至 3000lm 时，小目标可见度仅下降了 2.8，仅占原值的 23%。当光通量为 1000lm 时，路面亮度仅为 0.36cd/m^2，而小目标可见度为 5.9，驾驶者能够较为容易地发现路面上的障碍物。

表 6.18　光通量对顺光照明指标的影响(R3 路面类型)

光通量/lm	亮度/(cd/m^2)	照度/lx	总体均匀度	小目标可见度	目标物亮度/(cd/m^2)	阈值增量
6000	2.17	66.61	0.72	12.2	6.82	1.00
5000	1.79	54.96	0.72	11.4	5.63	0.68
4000	1.45	44.40	0.72	10.5	4.54	0.05
3000	1.08	33.30	0.72	9.4	3.41	0.00
2000	0.72	22.20	0.72	7.9	2.27	0.00
1000	0.36	11.10	0.72	5.9	1.13	0.00

图 6.34 显示了顺光照明时亮度和小目标可见度与光通量的关系曲线，从中可以看出，当光通量从 6000lm 降至 1000lm，路面亮度从 2.17cd/m^2 下降至 0.36cd/m^2，降低了 83%，而小目标可见度从 12.2 下降至 5.9，仅降低 51.64%，仍然具有较好的可见度。

从表 6.19 和表 6.20 可以看出，对称照明的路面亮度与光通量也基本上呈线性相关，由于光通量为 6000lm 时对称照明的小目标可见度本来就较小，光通量减小，小目标可见度值也相应减小，当光通量为 1000lm 时，两种对称照明的小目标可见度值分别为 0.6 和 0.7。在这种照明环境下，驾驶者较难发现路面上的障碍物。

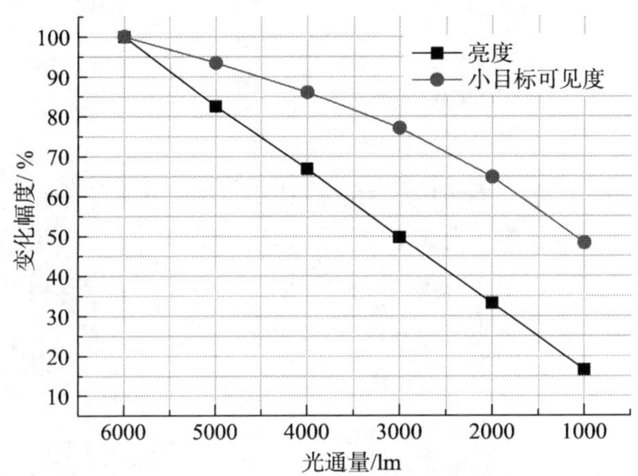

图 6.34　亮度和小目标可见度与光通量的关系曲线(顺光照明)

表 6.19　光通量对对称照明 1 指标的影响(R3 路面类型)

光通量/lm	亮度/(cd/m²)	照度/lx	总体均匀度	小目标可见度	目标物亮度/(cd/m²)	阈值增量
6000	4.50	74.81	0.49	1.2	4.78	7.82
5000	3.68	61.14	0.49	1.1	3.91	6.55
4000	2.99	49.85	0.50	1.0	3.18	5.45
3000	2.25	37.41	0.49	0.9	2.38	3.86
2000	1.51	24.96	0.46	0.8	1.60	2.68
1000	0.75	12.43	0.53	0.6	0.80	1.00

表 6.20　光通量对对称照明 2 指标的影响(R3 路面类型)

光通量/lm	亮度/(cd/m²)	照度/lx	总体均匀度	小目标可见度	目标物亮度/(cd/m²)	阈值增量
6000	4.81	78.26	0.68	1.3	5.23	6.41
5000	3.92	63.99	0.69	1.2	4.27	5.00
4000	3.20	52.17	0.69	1.1	3.49	4.00
3000	2.43	39.12	0.69	1.0	2.61	3.00
2000	1.60	26.08	0.69	0.9	1.75	2.00
1000	0.82	13.05	0.69	0.7	0.86	1.00

综上所述，可以得出如下结论。

(1) 路面的亮度和照度与灯具的光通量基本上呈线性相关。

(2) 随着光通量的下降，小目标可见度呈下降趋势，但幅度小于光通量的下降幅度。在光通量大幅下降的情况下，逆光照明和顺光照明仍能保持较好的小目标可见度。

(3) 在眩光影响方面，逆光照明和对称照明的阈值增量基本与光通量呈线性相关。

6.8 应 急 照 明

当隧道外部供电系统失效时，隧道的照明系统应由不间断电源提供电能，以保证隧道内最基本的照明需求。通常情况下，应急照明的灯具属于基本照明灯具的一部分，在数量上是基本照明的 1/3 或者 1/4，应急照明提供的平均照度应不低于 10lx，在隧道内任何点的照度应不低于 2lx。

6.9 眩 光 控 制

我国国标《公路照明技术条件》(GBT/24969—2010)中对于阈值增量 TI 做出了具体要求，公路照明等级为一级和二级的道路照明系统 TI 的最大初始值均不大于 10%。

在隧道照明方面，国际照明学会的 *Guide for the Lighting of Road Tunnels and Underpasses*(CIE 88—2004)对阈值增量 TI 值做出了具体要求，入口段、中间段的阈值增量 TI 不应大于 15%。

令 L_r 为路面平均亮度，当 $L_r \leqslant 5\text{cd/m}^2$ 时，TI 的计算公式如下：

$$\mathrm{TI} = 65\frac{L_v}{L_r^{0.8}} \tag{6.1}$$

当 $L_r > 5\text{cd/m}^2$ 时，TI 的计算公式如下：

$$\mathrm{TI} = 65\frac{L_v}{L_r^{1.05}} \tag{6.2}$$

式中，L_v 为所有灯具在驾驶者视野中形成的光幕亮度，视线与水平面的角度为 1°。

由于过渡段的亮度沿纵向是变化的，目前还无法给出过渡段的眩光控制数值。

参 考 文 献

杨翠，王少飞，胡国辉. 2016. 国际道路隧道应急照明标准及其借鉴[J]. 照明工程学报，27(6): 74-77.

中华人民共和国交通运输部. 2014. JTG/T D70/2-01—2014　公路隧道照明设计细则[S]. 北京：人民交通出版社.

CIE. 2004. CIE 88—2004　Guide for the Lighting of Road Tunnels and Underpasses[S]. Vienna:

International Commission on Illumination.

CIE. 2010. CIE 189—2010　Calculation of Tunnel Lighting Quality Criteria[S]. Vienna: International Commission on Illumination.

CIE. 1990. CIE 88—1990　Guide for the Lighting of Road Tunnels and Underpasses[S]. Vienna: International Commission on Illumination.

Cornwell P R. 1973. Appraisals of traffic route lighting installations[J]. Lighting Research and Technology, 5(1): 10-16.

Narisada K, Yoseoikawa K. 1974. Tunnel entrance lighting—Effect of fixation point and other factors on the determination of requirements[J]. Lighting Research and Technology, 6(9): 9-18.

Zalesinska M. 2011. Visibility concept in road lighting[M]//Domke K, Brebbia C A. Lighting in Engineering, Architecture and the Environment. Southampton: WIT Press.

第 7 章　隧道照明计算

7.1　隧道照明计算的特征

隧道照明计算是道路照明计算的延伸，由于隧道本身空间上的特点，在隧道照明计算中需要额外考虑一些指标，因此，隧道照明计算比一般道路照明计算要复杂。相对于道路照明计算，隧道照明计算具有如下特征。

(1) 隧道是部分封闭的空间，需要考虑路面、墙壁和顶棚等表面间光线的相互反射，即隧道照明不但要考虑灯具发出的直射光的影响，还要考虑内表面间接反射光的影响。

(2) 隧道内墙壁是构成驾驶者视野的重要组成部分，隧道照明计算不但要计算隧道路面的质量指标，还要计算墙壁的质量指标。

(3) 隧道内不同区段对照明的需求不同，因此需要分区段计算照明指标，不同区段内可能采用多种规格的照明灯具，而道路照明一般采用一种规格的照明灯具，计算工况相对简单。

(4) 在过渡段，对于路面和墙壁的照明指标在纵向上是变化的，纵向均匀度和阈值增量等指标必须进行特别处理。

7.2　隧道照明计算的指标

7.2.1　计算指标

为了检查隧道照明系统设计是否满足相关规范要求，至少要计算 8 项照明指标，它们分别如下。

(1) 路面平均亮度。

(2) 墙壁平均亮度。

(3) 路面亮度横向平均值，仅针对纵向上亮度要求变化的区段，如过渡段等。

(4) 墙壁亮度横向平均值，仅针对纵向上亮度要求变化的区段，如过渡段等。

(5) 平均对比显示系数：L_r/E_v。

(6) 亮度总体均匀度。

(7) 亮度纵向均匀度。

(8) 阈值增量。

为了计算上述 8 项照明质量指标，必须计算如下 6 个光学参数。

(1) 路面亮度。

(2) 路面照度。

(3) 路面上方一定高度范围内的墙壁亮度。

(4) 路面上方一定高度范围内的墙壁照度。

(5) 标准目标面(尺寸为 20cm × 20cm，法线平行于道路纵向轴线，面向驾驶者)中心的垂直照度。

(6) 光幕亮度。

7.2.2　基础数据需求

隧道照明计算涉及隧道几何尺寸、灯具布置、灯具光强分布、路面和墙壁反射特性等，为了完成隧道照明计算，必须准备如下基础数据。

(1) 灯具光强分布表 I-table。

(2) 路面反射特性表 R-table。

(3) 墙壁双向反射表。

(4) 灯具布置数据和隧道空间模型。

7.3　直接光线计算

7.3.1 几何模型

隧道亮度和照度计算的几何模型如图 7.1 所示，它是基于道路照明计算的几何模型。P_{r} 为路面上的计算点，P_{w} 为墙壁上的计算点，O 为观察者，(C, γ) 为光强分

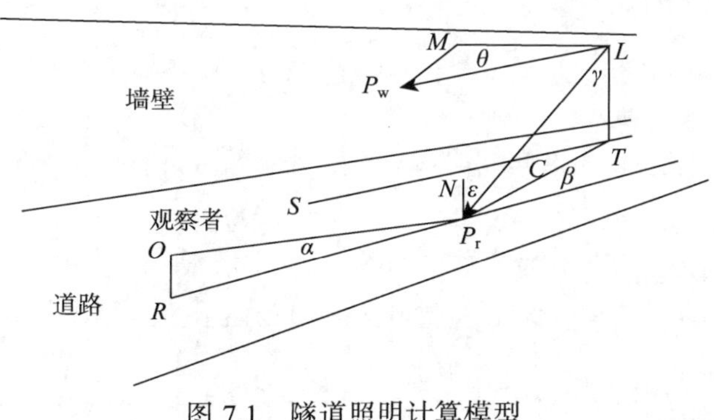

图 7.1　隧道照明计算模型

布表中的角度，(β, γ) 为路面反射特性表中的角度，ε 为入射光线矢量与路面法线的夹角，θ 为入射光线矢量与墙壁法向之间的夹角，α 为观察者与路面之间的夹角。

7.3.2　道路亮度计算

在亮度计算模型中，观察者眼睛高度为 1.5m，观察者视线与路面的夹角 α 固定为 1°。路面上点 P 的亮度计算公式如下：

$$L=\frac{I(C,\gamma)r(\beta,\gamma)\Phi\times 100^4}{H^2}\cos^3\varepsilon \tag{7.1}$$

式中，$I(C,\gamma)$ 为灯具在 (C,γ) 方向上的光强，cd/klm①；$r(\beta,\gamma)$ 为路面反射系数；Φ 为灯具光通量；H 为灯具的安装高度。

7.3.3　道路亮度计算区域与计算点

隧道照明计算的区域应选择隧道内具有代表性的段落，如中间段的直线段。纵向上，计算区域应在同一侧两盏灯具之间。观察者与计算区域内第一盏灯具的纵向距离为 60m。横向上，计算区域应覆盖所有的行车道，如图 7.2 所示。

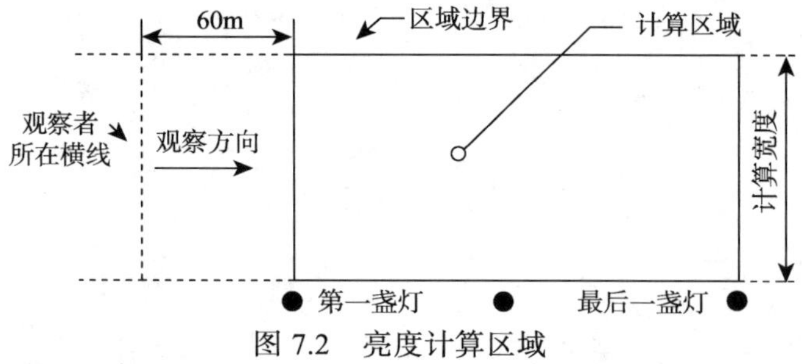

图 7.2　亮度计算区域

在计算区域内，亮度计算点应均匀分布，其平面布置如图 7.3 所示。在纵向上，计算点之间距离的计算公式为

$$D=\frac{S}{N} \tag{7.2}$$

式中，D 为计算点之间的纵向间距；S 为同一侧两盏灯具之间的纵向间距；N 为计算点数量。

当灯具的间距 $S\leqslant 10$m 时，N 取 10。

当灯具的间距 $S>10$m 时，若满足条件 $D\leqslant 1$m，N 取最小整数。第一排计算点

① 1klm 表示 1000lm。

距第一盏灯具的距离为 $D/2$。

在横向上，计算点的计算公式为

$$d = \frac{W_L}{3} \tag{7.3}$$

式中，d 为测点区域内测量之间的横向间距；W_L 为车道宽度。最外侧的计算点距车道边界的距离为 $d/2$。

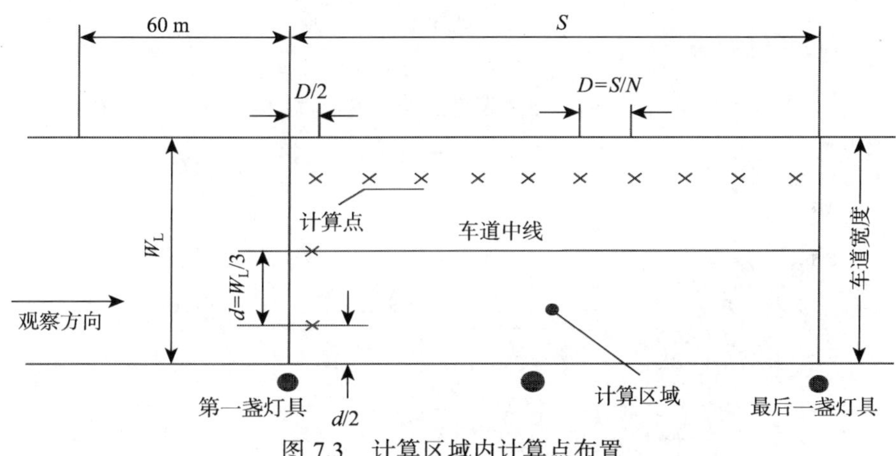

图 7.3　计算区域内计算点布置

对于入口段、过渡段和出口段等区段，由于灯具的间距较小，计算区域的长度和计算布置不适于根据灯具的纵向间距布置，亮度计算区域的纵向长度应不小于 10m，纵向上计算点的数量不小于 10 个。

观察者位于每个车道的中心。计算平均亮度 L_{av} 和总体均匀度 U_0 时，计算范围应为整个道路，而不是观察者所在车道。计算纵向均匀度 U_L 时，计算范围为观察者所在的车道。

7.3.4　道路水平照度计算

灯具在路面上 P 点产生的水平照度与灯具的光强分布和光通量大小相关，与观察者位置和路面反射特性无关，计算公式如下：

$$E_h = \frac{I(C,\gamma)\Phi\cos^3\varepsilon}{H^2} \tag{7.4}$$

式中，$I(C,\gamma)$ 为灯具在 (C,γ) 方向上的光强，cd/klm；Φ 为灯具的光通量，klm；H 为灯具在路面上方的高度，m。

7.3.5 道路垂直照度计算

垂直照度的计算公式为

$$E_{\mathrm{v}} = \frac{I(C,\gamma)\Phi\cos^2\varepsilon\cos\delta}{H^2} \tag{7.5}$$

式中，$I(C,\gamma)$ 为灯具在 (C,γ) 方向上的光强，cd/klm；Φ为灯具的光通量，klm；δ为车行方向与入射光线矢量的夹角；H 为灯具在路面上方的高度，m。

7.3.6 道路照度计算区域与计算点

照度计算的区域选择应该具有代表性，应在两盏灯具之间。在计算区域内，照度计算点应均匀分布，其平面布置如图 7.4 所示。

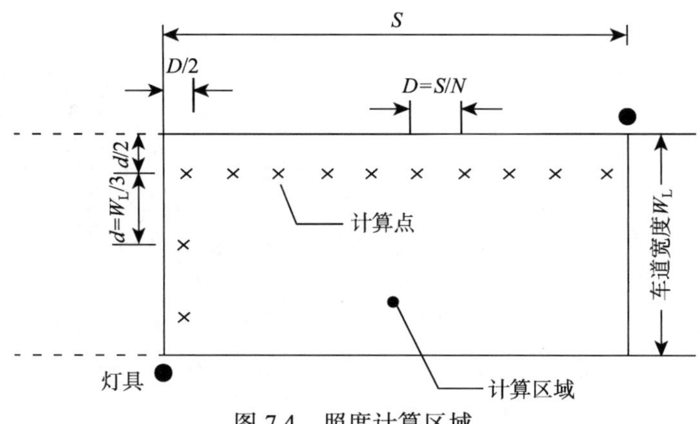

图 7.4　照度计算区域

在纵向上，计算点之间的距离计算公式为

$$D = \frac{S}{N} \tag{7.6}$$

式中，D 为计算点之间的纵向间距；S 为两盏灯具之间的纵向间距，对于交错布灯，两盏灯具应分布于道路两侧；N 为计算点数量。

当灯具的间距 $S \leqslant 10\mathrm{m}$ 时，N 取 10。

当灯具的间距 $S > 10\mathrm{m}$ 时，若满足条件 $D \leqslant 1\mathrm{m}$，N 取最小整数。

在横向上，计算点的计算公式为

$$d = \frac{W_{\mathrm{r}}}{3} \tag{7.7}$$

式中，d 为测点区域内测量点之间的横向间距；W_{r} 为道路宽度。

最外侧的计算点距车道边界的距离为 $d/2$。

对于入口段、过渡段和出口段等区段，由于灯具的间距较小，计算区域的长度和计算布置不适于根据灯具的纵向间距布置，水平照度计算区域的纵向长度应不小于 10m，纵向上计算点的数量不小于 10 个。

7.3.7　墙壁亮度和照度计算

计算隧道墙壁的亮度需要用到墙壁的反射系数，但在工程实际中一般难以获得这些数据，因此，通常假设隧道墙壁表面为理想漫反射表面，即亮度在各个方向上的大小是相同的，在这种假设下，计算值与实际值之间的偏差在可接受的范围内。墙壁上一点的亮度计算公式为

$$L_{\mathrm{w}} = \frac{\rho_{\mathrm{dif}} E_{\mathrm{w}}}{\pi} = \frac{I(C,\gamma)\rho_{\mathrm{dif}}\Phi\cos^2\theta}{h^2} \tag{7.8}$$

式中，$I(C,\gamma)$ 为灯具 (C,γ) 方向上的光强，cd/klm；Φ 为灯具的光通量，klm；θ 为入射光线矢量与墙壁计算点法线之间的夹角；ρ_{dif} 为隧道墙壁表面的漫反射率；h 为灯具与墙壁计算点的垂直距离，m。

隧道墙壁的照度与观察方向无关，其计算相对简单，墙壁上一点的照度计算公式为

$$E_{\mathrm{w}} = \frac{I(C,\gamma)\cos^2\theta\Phi}{h^2} \tag{7.9}$$

式中，$I(C,\gamma)$ 为灯具在 (C,γ) 方向上的光强，cd/klm；Φ 为灯具的光通量，klm；θ 为入射光线矢量与墙壁计算点法线之间的夹角；h 为灯具与墙壁计算点的垂直距离，m。

7.4　间接反射光线计算

直射光线从灯具发出后照射到路面或者墙壁上会反生反射，如图 7.5 所示。在大多数情况下，隧道内的光线每经历一次反射，反射后的强度最多为入射光线强度的 1/10，因此在计算反射光线的影响时，一般仅计算一次即可，高次反射对计算结果的影响较小。但在隧道内墙壁的反射率较高的情况下，反射光线强度经反射后的强度较大，需要考虑高次反射光的影响。

在计算时，将反射表面细分为一个个面元 dA，如图 7.6 所示，每个面元均假设为光源，在无法获得该面元的双向反射分布函数或者光强分布 I_{A} 的情况下，可假设

其为朗伯发光体，光线的传播遵守反平方法则。

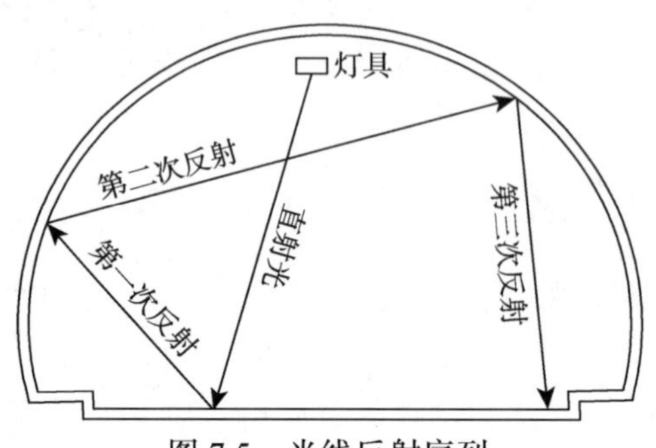

图 7.5　光线反射序列

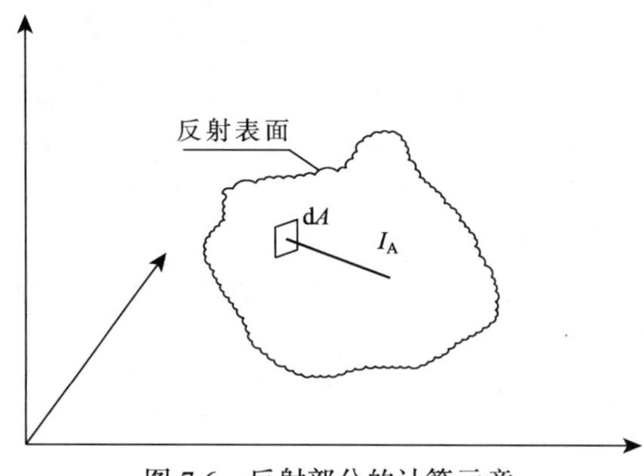

图 7.6　反射部分的计算示意

7.5　常用的照明计算软件

随着计算机的普及，照明系统的计算逐步由手算向计算机计算转变，传统的手算工作量大且精度低，只考虑了灯具直射光的影响，忽略了间接反射光的影响。在计算规模上，手算仅能计算场景中某些网格点的亮度指标，难以计算整个场景的亮度分布指标。采用计算机进行照明场景的计算，具有计算速度快、精度高的特点，既能考虑直射光的影响又能考虑间接反射光的影响。结合特殊的光学计算模型，可以直观地展示计算空间内的亮度分布。

7.5.1　计算模型

照明计算中，只考虑光源直射光的影响、不考虑反射光线影响的照明模型称为局部照明模型；考虑了到达计算点所有光线(包括直射光和反射光)影响的照明模型称为全局照明模型。

目前比较成熟的全局照明模型计算模型有光线跟踪模型(ray tracing)和光能传递模型(radiosity)两种。

1. 光线跟踪模型

光线跟踪模型如图 7.7 所示，光线是通过眼睛的位置反向跟踪，从眼睛发出光线，通过计算机屏幕上的一个像素点，光线射入计算空间，直到与空间内的一个曲面相交，从相交点开始跟踪光线到环境中的每个光源，如果到达光源的光线未被其他对象阻挡，则来自光源的灯光用于计算曲面颜色，如果第二个曲面也是反光的或透明的，则重复光线跟踪过程，直到达到迭代的最大次数或没有更多的相交曲面。

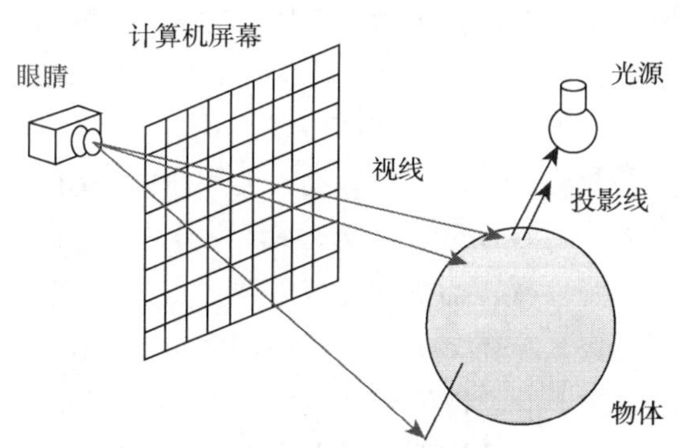

图 7.7　光线跟踪模型示意

光线跟踪模型最大的不足在于没有考虑物体表面的漫反射和间接反射，只能对直射光线进行精确的计算。对于室内场景，当间接反射光成分较大时，计算结果与实际情况有较大的差距。物体表面的光线反射类型假设为镜面反射，因此对光线在物体表面漫反射的处理不理想，与真实场景有一定的差别。

2. 光能传递模型

光能传递模型是吸收了热辐射传导计算模型而发展起来的照明计算模型，本质上与光线跟踪模型不同，侧重于从能量的角度来进行光环境的模拟，能够更精确地进行照明光度学模拟。首先将场景中的所有表面进行离散化，细分为一个个独立的三角形面片，然后计算所有面片之间的几何关系，最后在所有三角形面片间进行光能量的分配，为每个面片保存最终光能传递值。

在光能传递模型中，假设所有的物体表面反射类型为漫反射，只考虑了漫反射光，对于以镜面反射为主的表面，后处理显示结果不理想，必须采用光线跟踪模型进行镜面反射表面的结果展示，如果场景中存在透明物体，则忽略物体的透明特性。

7.5.2 照明软件

照明计算软件大都同时支持光线跟踪和光能传递两种模型。应用较广泛的计算软件有 Dialux、AGI32、Radiance 等。下面对隧道照明计算中经常使用的软件进行简单介绍。

1. Dialux

Dialux 是德国 DIAL 公司推出的专业照明模拟软件，分为 Dialux 4.x 版本和 Dialux evo 版本。Dialux 4.x 版本的计算内核采用光能传递模型，Dialux evo 版本的计算内核采用 Photon 算法。软件可以在官方网站免费下载使用，是目前业界使用率最高的软件之一。该公司有一个 20 人的工程师团队根据最新的技术进展和规范对该软件进行持续地更新和优化。Dialux 支持室内照明、室外日光照明及道路照明的计算，能够通过表格、等值线、灰阶图和伪色表现图等多种方式对计算结果进行展示。Dialux 支持报表配置和输出，能够自动生成计算报告。

Dialux 具有较强的兼容性，本身也具有强大的建模功能，同时能够导入其他程序建立的模型，如 DWG、DXF、3DS 等。Dialux 建立了在线灯具库，可以根据需要进行选择，灯具厂商可以将产品的数据发布到 Dialux 的灯具库内。

在道路照明计算方面，Dialux 根据国际照明委员会 CIE 140—2000 的算法设置了道路计算模块，通过简单的参数配置即可完成道路照明的计算，但仅能计算灯具直射光的影响。在隧道照明计算方面，用户可以建立隧道三维空间模型分析隧道内光的空间分布，可以对不同的表面设置不同的反射率，但其假设所有表面的反射类型均为完全漫反射，与实际情况有一定的区别。

2. AGI32

AGI32 是美国 Lighting Analysts 公司推出的专业照明模拟软件，计算内核采用光能传递模型，支持室内人工照明计算和室外日光照明计算。AGI32 通过自身的建模工具可以建立复杂的模型，也可以导入其他程序建立的模型文件格式，如 DWG、DXF 等。

AGI32 的计算模式有两种，分别为直接计算模式和完整计算模式。直接计算模式仅计算灯具直射光，考虑了物体对光线的阻挡作用，物体表面均被认为是不透明的非反射表面，所需要的计算时间较短，适用于简单的人工照明计算，如道路照明计算等。在直接模式下，仅能输出计算点的数值结果，无法显示计算场景的渲染结果，无法对计算场景的光场进行直观展示。完整计算模式用来计算灯具直射光和间接反射光，即考虑了表面间的相互反射影响，所需要的计算时间较长，适用于间接反射较强的场景。在完整计算模式下不仅可以输出计算点的数值结果，还可以显示计算场景的渲染结果，能够对空间的光强分布进行直观地展现。

在道路照明方面，AGI32 具有专门的道路计算模块，能够通过简单的参数配置进行道路照明的计算，支持的规范有 IES RP-8—2009、CIE 140—2000、BSEN-13201、AS 1158-2—2005 和 NZ 1158-2—2005。AGI32 能够计算道路照度、亮度、光幕亮度和小目标可见度(STV)。

AGI32 的道路计算模型中，可以考虑物体表面反射光对计算网格亮度的影响，因此可以用于隧道内光场的计算，这需要将隧道内表面赋予 Roadway Contributor 属性，将路面赋予 Road Pavement Single-sided DFO 属性。

3. LITESTAR 4D

LITESTAR 4D 是意大利 OxyTech 公司推出的一款专业照明软件，计算内核采用光能传递算法，支持室内照明、室外照明计算，在室外照明模块中支持道路照明计算和隧道照明计算。

在道路照明方面，LITESTAR 4D 可以通过简单的配置进行道路照明的计算，支持的规范有 CIE 140—2000、EN 13201—2015、UNI 10439 和 UNI 10819。

LITESTAR 4D 具有专门的隧道计算模块，在入口加强照明方面，LITESTAR 4D 采用的方法为国际照明委员会 *Guide for the Lighting of Road Tunnels and Underpasses* (CIE 88—2004)中推荐的觉察对比度法。LITESTAR 4D 不仅能够计算隧道墙壁的照度和亮度，也可以计算虚拟竖直面的照度。

参考文献

云朋. 2010. 建筑光环境模拟[M]. 北京：中国建筑工业出版社.

CIE. 1982. CIE 30(2)—1982　Calculation and Measurement of Luminance and Illuminance in Road Lighting[S]. Vienna: International Commission on Illumination.

CIE. 1996. CIE 121—1996　The Photometry and Goniophotometry of Luminaires[R]. Vienna: International Commission on Illumination.

CIE. 2000. CIE 140—2000 Road Lighting Calculations[S]. Vienna: International Commission on Illumination.

CIE. 2010. CIE 189—2010　Calculation of Tunnel Lighting Quality Criteria[S]. Vienna: International Commission on Illumination.

de Boer J B, Onate V, Oostrijck A. 1952. Practical methods for measuring and calculating the luminance of road surfaces[J]. Philips Research Reports, 7(1): 45-76.

第 8 章　隧道照明系统测量

8.1　照明测量的必要性及影响因素

8.1.1　照明测量的必要性

近年来，三车道、四车道大断面隧道数量越来越多，大型地下立交不断投入使用，隧道照明环境越来越复杂，隧道的照明质量指标也从照度逐渐向亮度和照度并存的方向发展，新的灯具类型、亮度智能控制的采用、隧道墙壁反射性能的提升等增加了对隧道照明测量的需求。以下情况需要进行隧道照明系统的测量。

(1) 隧道在通车前，验证照明系统实际质量参数与设计参数的一致性。

(2) 在照明系统全寿命周期内，通过测量确定照明系统的衰减程度，为系统维护提供决策支持。

(3) 对于隧道照明，需要连续地测量隧道洞外亮度，从而控制入口段的照明系统的亮度。

(4) 科学研究的需要，如调查特定照明系统的视觉表现、不同的可见度模型应用比较、墙壁反射率对照明环境的影响等。

对于情况(1)和情况(2)，必须测量以下参数。

(1) 车道上不同高度的水平和垂直照度、墙壁的照度。

(2) 路面和墙壁的亮度。

(3) 灯具在观察者眼睛处的亮度或者照度，用以评估系统的眩光。

通过上述测量所得的参数值评估测量区域的平均照度、平均亮度、均匀度和阈值增量等总体性指标。

8.1.2　照明测量精度的影响因素

道路照明测量前和测量过程中，温度、湿度、能见度、风速、供电线路电压和交通情况等对照明测量的结果会产生影响，这些影响方面主要如下。

(1) 过高或者过低的环境温度会影响热敏性光源的光通量输出，以及测量仪器的精确度。

(2) 当环境湿度过大时，测量仪器的镜头表面和电子线路可能有水分凝结，对测量精度有一定的影响。

(3) 路面的干燥和潮湿程度对路面的反射率和透射率有显著的影响变化，从而显著影响亮度测量的精度。

(4) 大气的透射率对光的传播有一定的影响，它从两个方面影响亮度测量的精度，一是到达路面的光通量受到影响，二是经路面反射，到达亮度计光通量受到影响。

(5) 环境的风速过高时，灯具和测量仪器会发生摆动与振动，影响灯具的光通量输出和测量的精确性。

(6) 对于气体放电灯，供电线路的电压波动对其光通量输出和功率有显著的影响。

(7) 对于没有中断交通的测量场景，附近车辆的车灯发出的光线对测量结果也有显著的影响。

因此，在测试报告中必须记录近地面的温度、湿度、可见度、风速和交通状况等测量环境信息。

8.1.3　测量段落及时间选择

隧道照明的测量网格位置和亮度计的位置应与计算模型中的一致，这样才能对测量结果和计算结果的一致性进行比较。

隧道内照明测量的段落宜尽量选择在纵向上呈直线的段落，在灯具的间距、安装角度、光强分布等方面能够代表被测隧道的典型段落。

为了排除白天自然光线的干扰，加强照明段落的照明测量应选择在夜间进行。基本照明的测量如果选择在白天进行，测量区域应选择在不受自然光影响的区域。

8.2　测 量 仪 器

8.2.1　点式亮度计

根据感光元件和测量范围的不同，用于道路亮度测量的仪器大致分为两类，即点式亮度计和成像式亮度计，如图 8.1 所示。

点式亮度计由采光光学系统、取景光学系统、探测器和信息显示屏构成，探测器的感光单元为硅光二极管，其前方放置 $V(\lambda)$ 滤镜，通过计算洒落在其上的光通量来完成所测对象测量。由于点式亮度计仅有一个感光单元，如图 8.2 所示，测量时只能输出一个亮度值，其大小是测量区域内所有点的平均亮度。

按照国际照明委员会 *Calculation and Measurement of Luminance and Illuminance in Road Lighting* (CIE 30-2—1982)对点式亮度计的要求，点式亮度计对镜头的视角要

求较高，在垂直方向的视角应小于或者等于 2′，在水平方向的视角应为 2′~20′，这种规格的亮度计的生产厂商极少，价格较昂贵。市场上能够较为容易购买到的亮度计的视角范围一般等于或者大于 1/3(°)即 20′。

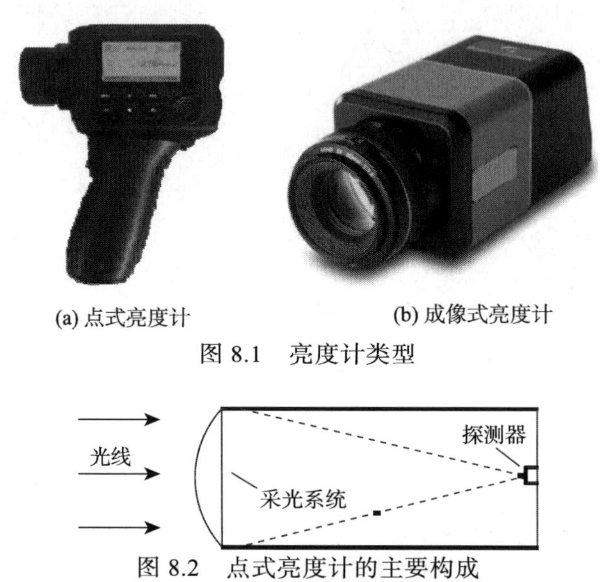

(a) 点式亮度计　　(b) 成像式亮度计

图 8.1　亮度计类型

图 8.2　点式亮度计的主要构成

采用点式亮度计测量亮度，测量前需要先在路面上绘制网格点，然后对路面的网格点进行逐点测量，每一网格点的测量都需要对仪器的角度、焦距进行调节，会消耗较长的测量时间，效率低下，对交通的干扰较大。由于点式亮度计测量视角的特殊要求，设备价格昂贵，测量效率降低，测量点的数量非常有限，不能够全面地反映照明系统的照明质量，在实际的工程中较少采用点式亮度计进行道路亮度的测量。

8.2.2　成像式亮度计

从原理上来看，成像式亮度计主要由 CCD(电荷耦合元件)、$V(\lambda)$滤镜、物镜和快门等组成，CCD 放置于透镜的焦平面上，如图 8.3 所示。成像式亮度计与计算机相连接，通过计算机控制亮度图像的获取和处理。

测量区域的光线通过镜头投射在阵列传感器上，传感器上的每一个像素点测量一个方向的亮度。

成像式亮度计在测量前只需划定好测试区域即可，不用在路面上绘制网格点，在测试时对测试区域进行一次成像，就可以完成测试区域所有关注点的亮度测量，耗时较短，对交通的干扰较小。成像式亮度计能够基于大量的测量点和多个观察方向进行照明系统的特性分析，可以采用伪色图像、灰度图像来直观反映路面及周围环境的亮度分布，能够较为全面地反映照明系统的照明质量。

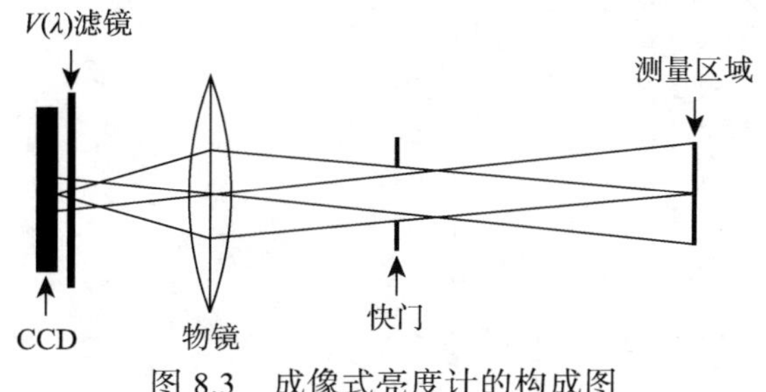

图 8.3　成像式亮度计的构成图

8.2.3　照度计

照度计由感光部分和显示部分组成，如图 8.4 所示。感光部分由光电二极管 PD、V(λ)滤镜、漫反射余弦校正罩构成，负责将光信号转换为电信号；显示部分负责将电信号进行 A/D 转换，并通过显示单元将测量结果显示出来。

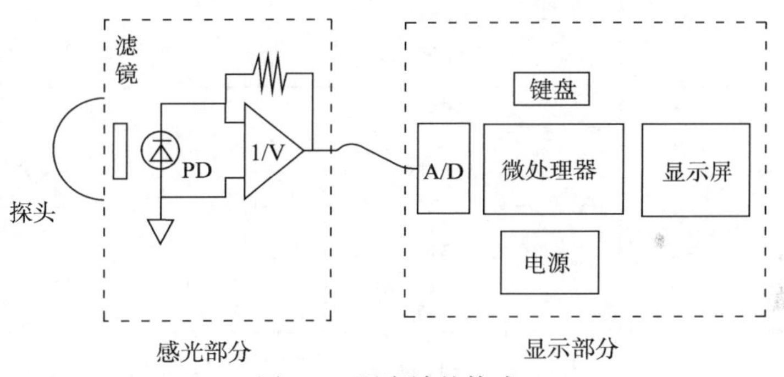

图 8.4　照度计的构成

8.3　隧道亮度测量

8.3.1　亮度计位置和测量区域

在测量时，亮度计的平面位置和高度应与照明计算中观察者的位置保持一致。在纵向上，亮度计距测量区域最近的横向边界距离为 60m，与最远的横向边界距离为 160m，测量区域的长度为 100m。在横向上，亮度计应放置在所测量车道的纵向中线上，亮度计距路面的高度应为 1.5m。

为了与驾驶者的视线角度一致，当采用成像式亮度计测量路面亮度时，亮度计轴线与路面的夹角变化的角度范围为(0.5°, 1.5°)。

不同灯具布置形式下的测量区域布置如图 8.5 所示。

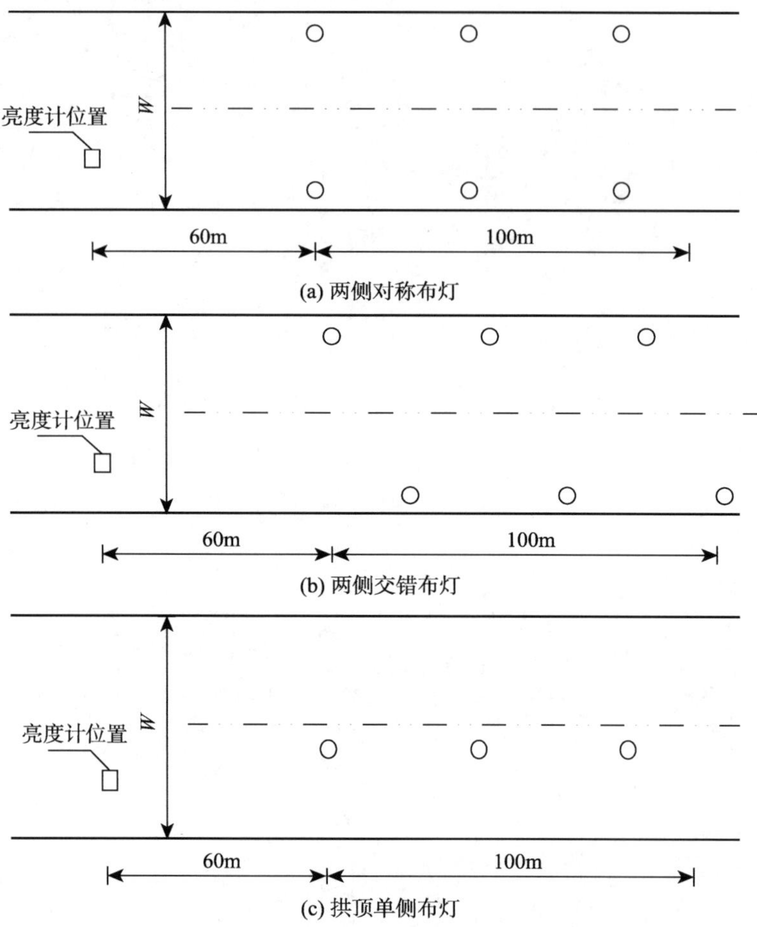

图 8.5　不同灯具布置形式下的测量区域布置

8.3.2　测点布置

当采用点式亮度计时，亮度测量区域内的测点位置应与照明计算时的计算点位置基本一致。

8.4　隧道照度测量

8.4.1　照度测量的必要性

尽管大多数道路照明相关的标准和规范都将道路表面的亮度作为主要光学指

标，但是在实际工程实践中，照度的测量扮演着相当重要的角色，其主要原因如下。

(1) 通常，路面的亮度和照度具有较好的相关性，可以通过路面照度大致反映路面亮度的状况。影响两者关系的主要因素有路面类型、灯具的光通量分布以及安装方式，当这 3 个因素确定后，就可以基本确定路面平均亮度与平均照度的关系。

(2) 当为新的路面时，路面的反射性参数与使用一段时间后的反射性参数是不同的，亮度测量结果与计算结果有一定的偏差。

(3) 与亮度计相比，照度测量仪器价格便宜，操作流程简单，测量工作易于进行。

8.4.2　测点布置

照度测量区域内的测点位置应与照明计算时的计算点位置基本一致。测点应均匀地分布在测量区域内。

参 考 文 献

国家标准化管理委员会. GB/T 5700—2008　照明测量方法[S]. 北京：中国标准出版社.

CIE. 1996. CIE 121—1996　The Photometry and Goniophotometry of Luminaires[S]. Vienna: International Commission on Illumination.

CIE. 1998. CIE 130—1998　Practical Methods for the Measurement of Reflectance and Transmittance[S]. Vienna: International Commission on Illumination.

CIE. 2011. CIE 194—2011　On Site Measurement of the Photomertic Properties of Road and Tunnel Lighting[S]. Vienna: International Commission on Illumination.

de Boer J B, Onate V, Oostrijck A. 1952. Practical methods for measuring and calculating the luminance of road surfaces[J]. Philips Research Reports, 7(1): 45-76.

彩　　图

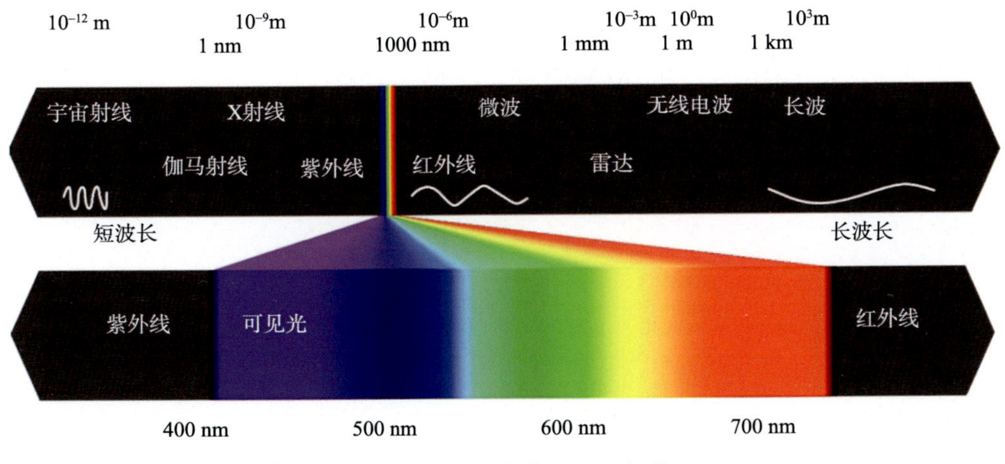

图 1.1　电磁波谱及可见光谱

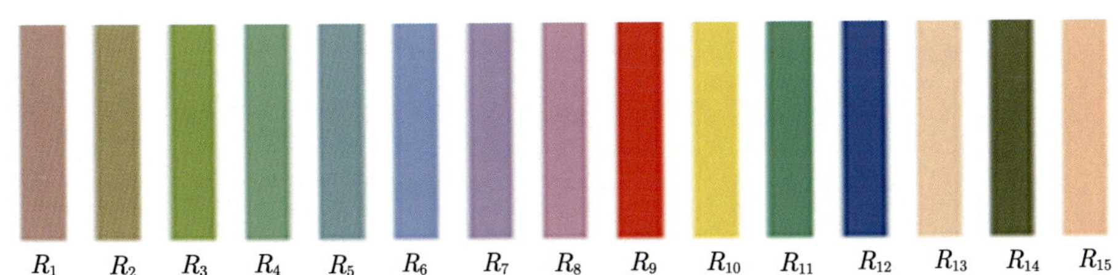

图 1.5　15 种标准色样

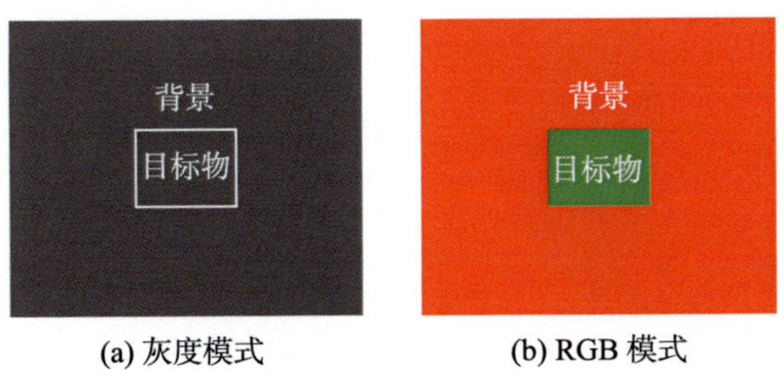

(a) 灰度模式　　(b) RGB 模式

图 1.10　目标物和背景颜色对视觉的影响

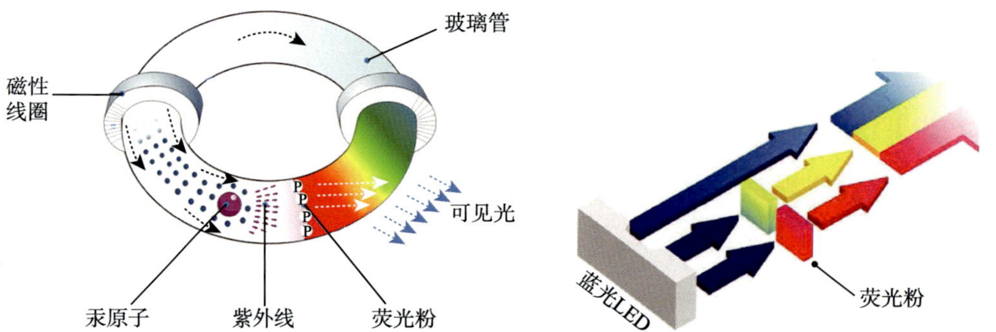

图 4.17　电磁感应灯的主要构件及发光原理　图 4.21　蓝光和荧光粉组合产生白光的原理

图 5.6　L_{seq} 计算简图

图 5.10　密封式减光棚洞

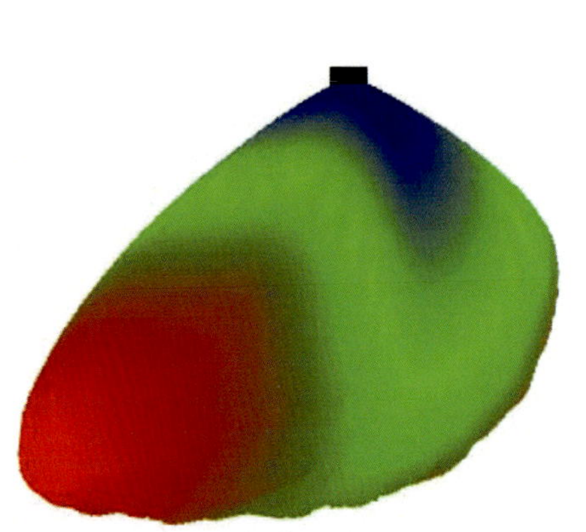

(a) 光强空间分布

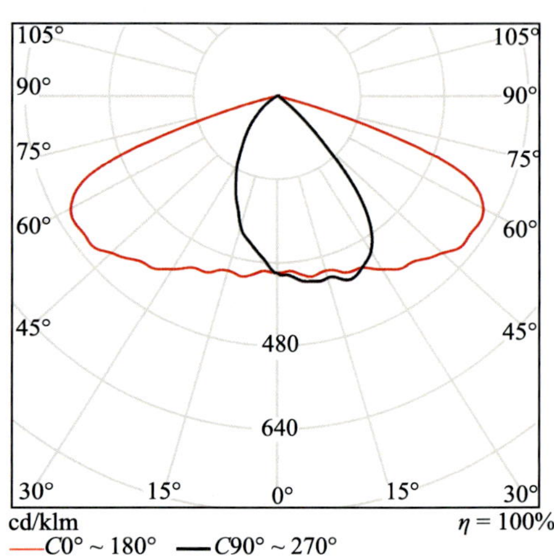

(b) 特征平面配光曲线

图 6.16　灯具光强分布

图 6.28　采用回路控制的隧道照明环境(实际图像)

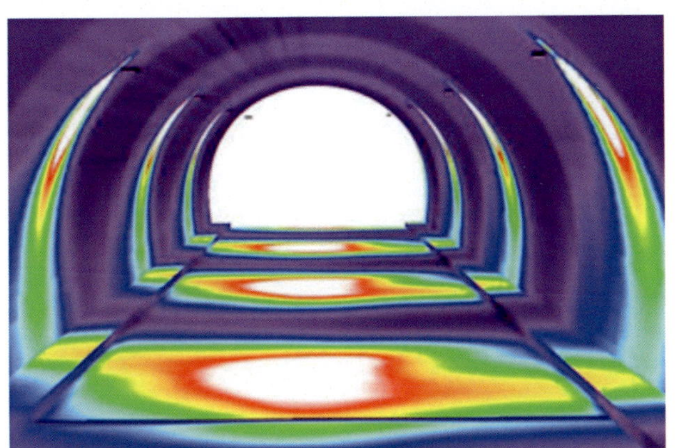

图 6.29　两侧布灯开启部分回路的亮度分布(数值模拟)

图 6.30　拱顶单侧布灯开启部分回路的亮度分布

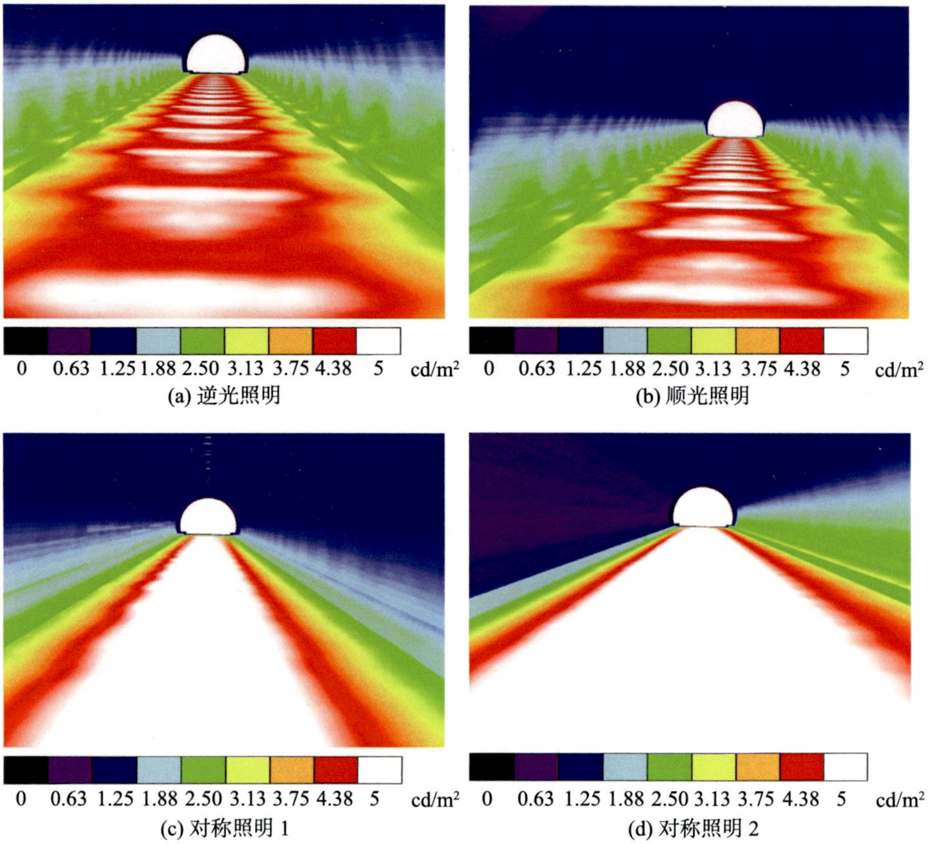

0 0.63 1.25 1.88 2.50 3.13 3.75 4.38 5 cd/m²

(a) 逆光照明

0 0.63 1.25 1.88 2.50 3.13 3.75 4.38 5 cd/m²

(b) 顺光照明

0 0.63 1.25 1.88 2.50 3.13 3.75 4.38 5 cd/m²

(c) 对称照明 1

0 0.63 1.25 1.88 2.50 3.13 3.75 4.38 5 cd/m²

(d) 对称照明 2

图 6.32　隧道亮度空间分布

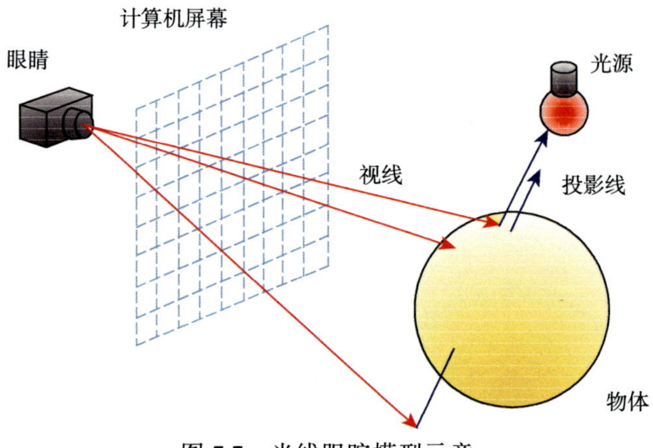

图 7.7　光线跟踪模型示意